21,-

Verlag Unterwegs

Dies ist eine Originalausgabe des
Unterwegs Verlag GmbH
Werner-von-Siemens-Str. 22, D-78224 Singen
Tel. +49(0)7731 838-0, Fax +49(0)7731 838-19
www.reisefuehrer.com www.unterwegs.com
info@unterwegs.com

1. Auflage

ISBN 978-3-86112-261-6

Text/Redaktion: Manfred Klemann
Titelfoto: Manfred Klemann (Escuela Superior de Turismo de Baleares in Palma)
Gestaltung: Miriam Jäger
Druck: CPI books GmbH, Ulm

Bibliografische Information der Deutschen Nationalbibliothek
Die Deutsche Nationalbibliothek verzeichnet diese Publikation in der Deutschen Nationalbibliografie; detaillierte bibliografische Daten sind im Internet über http://dnb.d-nb.de abrufbar.

Manfred Klemann

DAS MALLORCA HASSER BUCH

11 Gründe, warum Sie Mallorca meiden sollten

Verlag Unterwegs

„Zum Hassen oder Lieben / ist alle Welt getrieben,
es bleibet keine Wahl / der Teufel ist neutral“

(Clemens von Brentano,
deutscher Lyriker 1778–1842)

Manfred Klemann

Buchautor, Internet-Pionier (reise.com, unterwegs.de, wetter.com), und gelernter Kommunikations-Wissenschaftler der Uni Konstanz bereist Mallorca seit 1973. Seit 1983, als im Zürcher Regenbogenverlag das erste »alternative« Reisebuch über Mallorca (»selbst entdecken«) von ihm erschien, war er jedes Jahr wochenlang auf Mallorca. Nie nur privat, immer auch »auf Recherche« für seine jährlich erscheinenden Reiseführer. In diesen berichtet er objektiv und journalistisch über die Insel, damit Reisende mehr von ihrem Urlaub haben. Jetzt aber bricht aus ihm die emotionale Leidenschaft des gehörnten Liebhabers hervor. Was bestimmte Gruppen aus Mallorca gemacht haben, konnte Klemann nicht mehr schweigend hinnehmen. »Liebe und Hass sind die Hörner am selben Stier«, sagt ein chinesisches Sprichwort. Das Mallorca Hasser

Buch konnte nur einer schreiben, der einmal in diese Insel verliebt war.

Klemann lebt heute am Bodensee und wird dort auch bleiben. Pläne, einmal auf Mallorca zu ziehen, hat er längst verworfen. Warum, werden Sie nach der Lektüre dieses kleinen Buches wissen …

Das Mallorca Hasser Buch

11 Gründe,
warum Sie Mallorca meiden sollten.

1. Die Mallorquiner
2. Die deutschen Residenten
3. Die Immobilienmakler
4. Die englischen »Proll«-Urlauber
5. Die Ballermänner und Arschgeweih-Frauen
6. Die Gastronomie
7. Promis, Prolls und Luxus-Luder
8. Die Autobahnen und andere Umweltsünden
9. Die Wetterlügen
10. Die Touristen in der Hauptstadt Palma
11. Die Kriminellen, Hütchenspieler und Nutten

Als Ex-Verlobte grüßen ...

Es ist wie mit den Ölscheichs. Vor 50 Jahren noch ritten sie auf Kamelen durch die weiten Wüsten. Dumm, gläubig und durstig. Zwar schon immer bauernschlau und verschlagen, aber harmlos, wenn du nicht gerade eine Frau warst. Ihren Traditionen verpflichtet. Gastfreundlich zum Fremden, ohne gleich die Hand aufzuhalten. Geduldig, gesprächig, ohne zu fordern, dass man ihr Arabisch verstehen müsse. Freundlich, ja, herzlich und »zufrieden«.

Heute, wo wir ihnen das Öl zum Hundertfachen des damaligen Gegenwerts abkaufen, sind alle diese Eigenschaften – die schlechten wie die guten – radikal verschwunden: Ihre Frauen müssen zwar weiterhin zehn Schritte hinter ihnen laufen, aber die arabischen Männer der Oberschicht haben alle englische Schulabschlüsse. Ihre Kamele gibt es auch noch: Nur sind das teure Zuchttiere auf Luxusfarmen, und dazu gehören natürlich kostbare Falken, edle Rösser und menschliche Sklavenarbeiter aus Asien.

Sie selbst sind arrogant, hochmütig, unzugänglich, fremdenfeindlich. Aus Religion ist Radikalität geworden. Man braucht im Sommer nur durch das Westin Hotel in München zu gehen, um den verlorenen Charme Arabiens zu kosten. Zu Hunderten sitzen sie da mit ihren Clans und Harems und philippinischen Kindersklaven. Sie lassen sich Kniegelenk, Busen, Lippen oder Blinddarm operieren in München. Und behandeln Hotelpersonal, westliche Gäste oder den Münchener wie elendes Heidenpack früher von Christen behandelt wurde: Missachtung. Feindschaft, Arroganz.

Die Gastfreundschaft in den Wüsten ist auf diejenigen beschränkt, die, wie amerikanische Präsidenten oder deutsche Energiemanager, ihnen mächtig genug erscheinen, um ihr Weltbild weiter pflegen zu können und sie gegen den Mob des eigenen Hinterlandes zu verteidigen. Ihre Bauten und Schlösser und Pläne sind protzig, sie selbst aber rennen diesem Protz hilflos und dumm, und damit vergeblich, hinterher.

Wir wollen nicht über Arabiaticas reden, sondern über Mallorca, ich weiß. Aber nur mit diesem einzigartigen ökonomischen Aufstieg der Wüstenmenschen aus dem Nichts lässt sich die Entwicklung der Mallorquiner (und ihrer Insel) vergleichen. In den 60er Jahren des 20. Jahrhundert noch auf ihren Mandelbäumen, sind Mallorquiner heute all das, was oben über Ölscheichs gesagt wurde: Unzugänglich, mürrisch, arrogant, Fremdmenschen-feindlich und durch Reichtum dumm geworden.

Als ich 1973 das erste Mal mit meinem Freund Eddi Deschler die Insel bereiste, gab es ein menschliches Mallorca. Ein weites, entvölkertes, reizvolles Inselland. Von oben auf die

Insel Karte geschaut, rechts von Palma, erste sehr kompakte Hotelburgen. Einfach, klar, meist mit einem RIU-Zeichen. Bekannt damals unter dem Namen El Arenal. Später wurde dies zur Playa de Palma, heute heißt diese Ecke schlicht Ballermann.

Für die Mallorquiner schon damals ein Platz des Staunens, ein Sammelbecken eines glücklichen, sinnen- und sangesfreudigen Proletariats auf Urlaub. Niemals gewillt, diese herrlichen Badestrände und die um S'Arenal blühende Gastronomien (»deutsche Küche, deutscher Koch«) zu verlassen. Kein Gedanke bei diesen Urlaubern, sinnlos die Insel durch Rundfahrten zu verseuchen.

»Hier sprechen deutsch!«, heißt 1973 das Motto an der Playa. Und da will ich hin als deutscher Gast! Nix »Papas arrugadas«, sondern lauwarmer Kartoffelsalat. Allenthalben lebte ein freundlich feierndes Ruhrgebiet rund um Schinkenstraße und Bierstraße und RIU Palace.

Erholung von der heimatlichen Maloche und 100-prozentige Sicherheit, den Vorgesetzten und Chefs niemals zu begegnen. Diese »Chefs« hätten Anfang der 70er-Jahre sich zwei Arme abgehackt, ehe sie auf dieses Stückchen Erde Mallorca gekommen wären …

Links auf der Inselkarte, hinter einem Ortsteil, der sich Palma Nova (also »Neues« Palma) nennt, und eigentlich 1973 nur aus einer Strandpromenade mit Hütten und etwa drei Hotels bestand, hinter diesem neuen Palma also eine Ansammlung merkwürdiger Hotelkästen um eine Bucht namens Magaluf. Hier feierten fröhliche Engländer bei fish and chips in ihren Pubs. Inselrundfahrt, Sir? Nein, Danke! Ich bleib, wo ich glücklich bin, in meinen zwei Urlaubswochen. Und das ist genau hier in den Pubs von Magaluf.

Es gab dazu etwas weiter im Norden ein Fischerort namens Puerto de Andratx, das einem deprimiert verloren vorkam, wenn es nicht so hübsch gelegen und von zwei herrlichen Fischrestaurants begleitet worden wäre.

Es gab einen Norden mit Bergen, die, wenn man sie wie Eddi und ich in einem Seat 500 befuhr, echt Angst machen konnten, mit ihrer schieren Wucht und den schlecht ausgebauten kurvigen Straßen. Dort, weitgehend verlassene Dörfer mit teils exotischen Namen wie Deià, Banyalbufar, Fornalutx, Valldemossa.

Dann – nach zwei Fahrstunden von Andratx aus – eine rebellische Kleinstadt mit eigener Zeitung, eigener Meinung und eigenen Orangenhainen in einer fruchtbaren Bucht hinter den Bergen. Sóller! Und der dazugehörige Hafen »Puerto de Sóller«, wo ernsthaft Schiffe mit Orangen beladen wurden und wo entlang einer recht sympathischen Badebucht drei im italienischen Rimini-Barock erbaute Hotels standen.

Das rebellische Sóller war mit dem 30 Kilometer Luftlinie entfernten Palma, der Hauptstadt, nur durch einen ulkigen Zug und eine Serpentinenstraße verbunden. Es gab zahlreiche

Palmeser und noch mehr Menschen mit Geburtsort »Sóller«, die die jeweilige andere Stadt in ihrem Leben nie besucht hatten. Und die noch mit Blei gegossene Tageszeitung von Sóller, genannt »Sóller« hatte einen eigenen Korrespondenten in Palma. So wie heute die FAZ einen in New York hat. Der gab telefonisch seine täglichen Lageberichte von der Hauptstadt durch.

Und Sóller setzte früh auf Schienenverkehr. Es baute eine noch heute in Betrieb befindliche Straßenbahn zwischen dem Puerto und der Stadt. Die Leute aus Sóller waren, ehe auch sie in den 80ern ihren Charakter verloren, echte frühe Ökos mit dem hellen orangenen Geist.

Dann kam auf unserer Rundfahrt (denn Eddi und ich hatten das Gesetz von S'Arenal gebrochen und hatten einen Mietwagen, Seat 500, für unsere zwei Wochen gemietet. Bei HASSO!), weiter auf einer Bergstrecke alpinischer Passqualität entlang, das Kloster Lluch, wo Eddi und ich für 200 Pta. in einer armen, aber seligen Mönchsklause übernachten konnten. Wir mussten übrigens zwei Klausen nehmen; der Mönch, der Quartiermeister war, konnte sich offensichtlich vorstellen, dass wir beiden Jungs, eben 19 Jahre alt, mehr als nur Ruhe in seinen Gemächern suchten. Für mich und Eddi das erste Mal, dass wir – Provinzbuben aus dem Süden Deutschlands – mit der Tatsache konfrontiert wurden, dass es noch anderes Fixierung als die auf Mädchen geben könnte.

Natürlich besuchten wir – ohne Schlange stehen zu müssen – die schwarze Madonna von Lluch. Sie war fortan die Beschützerin dieser ersten Reise; sie hat dafür gesorgt, dass wir unsere erste Autofahrt im Auto eines Einheimischen, einem echten Mallorquiner, heil überstanden.

Noch ein Wort zu Lluch, dem Kloster und den Mönchen: 1973 war noch Franco an der Macht (er starb 1975, sein System endete erst 1977 mit den ersten freien Wahlen). Und die Mallorquiner, allermeist durchaus Franquisten und national gesinnt, aber auch gleichzeitig mit Nähe zu den rebellischen Separatisten aus Katalonien und Barcelona, veranstalteten jeweils im Mai einen »Marcha de Lluch«, einen Fußmarsch von Palmas Bar Güell (dem Treffpunkt der Rebellen) nach Lluch, immerhin 45 Kilometer, um bei der Schwarzen Madonna um mehr »Freiheit« von der Zentrale in Madrid zu beten.

Diesen Marsch gibt es noch heute; nur der Inhalt des Gebets ist ein anderer: Schwarze Madonna, gib mir noch mehr Reichtum, mehr dumme Mitteleuropäer, die jeden Preis zahlen, mehr Autobahnen und gib meinem Nachbarn die Pest an den Hals.

Zurück zu meiner ersten Rundfahrt auf der Insel, wie gesagt, 1973: Von Lluch fuhren wir weiter nach Pollença, einem kleinen Städtchen, das, ich erinnere mich, uns gut gefallen hat wegen seines ursprünglichen und mit Bars gesäumten Plaza Mayor. Wenn Sie heute doch noch mal vorbeikommen sollten, schauen sie sich ihn an: Verkommen, verkünstelt, von Abzocker-Restaurants und sogenannten, meist von deutschen Steuerflüchtlingen geführten Galerien umgeben, mit dem Charme einer Food-Mall in einem Shoppingzentrum. Pollença, was hätte aus dir werden können. Auch unser singender Freund Peter Maffay, der seit Jahrzehnten in der Nähe eine Finca hat und diesen Platz einst liebte (angeblich hat er dort sogar alle seine Frauen abgeschleppt), konnte ihn nicht vor den Investoren der deutschen Neureichenszene schützen.

Und dann, was für eine phantastische Bucht, plötzlich zwischen dem Puerto de Pollença und dem Puerto de Alcúdia. Nicht breit, aber lang und frei erstreckte sich das Meer in einer natürlichen weit ausholenden Bucht, wo gerade mal zwischen den Fischerhütten eine wohl als früher Club Méditerranée angedachte Touristensiedlung stand.

Natürlich haben wir auch das schon damals berühmte Hotel Formentor besucht, das es seit den 30er Jahren dort gibt und als Grand Hotel geführt war. Langhaarige Studenten, wie wir es waren, hatten – man staune – problemlos Eintritt in die noblen Hallen und wir konnten uns sogar den Cafe solo für damals 45 Pta. gut leisten. Und die Ober und Kellner, alles noble Herren vom Festland, waren zuvorkommend wie zu den bekannten Gästen, die Helmut Schmidt, Kirk Douglas, Franzesco Franco oder Sophia Loren heißen. Ein wahres Grand Hotel. Ein Gast ist ein Gast ist ein Gast.

Alles, was ich hier nostalgisch erzähle, ist als Einstimmung auf das Thema gedacht. Ich nehme diese erste Begegnung mit der Insel als Muster, wie ich und Eddi damals Mallorca erlebten.

Ich will einfach damit sagen: Was man heute ertragen muss, ist nicht Naturgesetz. Es gab ein anderes Mallorca. Das heutige Mallorca ist von Menschen geschaffen. Von deutschen, von englischen, von mallorquinischen Menschen. Es hätte anders sein können. Das ist wichtig zu wissen. Deshalb diese kleine antike Rundfahrt aus einem anderen Jahrtausend.

Als Eddi und ich, 1973, unseren Freunden sagten, dass wir uns vier Wochen nach dem Abitur auf Mallorca herumtreiben wollten, wurde uns von allen Seiten der 68er und sonstiger bewegten, aber auch den Opfern der 68er, also den intellektuelleren Elternteilen, absolute Hirn- und Geschmacklosigkeit bescheinigt. Da gehen doch nur Putzfrauen aus dem Ruhrgebiet hin, das ist doch unterste Schublade, da langweilt ihr euch zu Tode.

Goa, Rucksack, Südfrankreich, Schottland, Inter Rail: Das waren für gebildete Jugendliche die Ziele der 70er und frühen 80er Jahre. Mallorca war Lady Gaga.

Jedenfalls, Eddi und mir hat die Insel super gefallen. Man konnte sich mit wenig Geld köstlich amüsieren, die Töchter der »Putzfrauen« waren ja gezwungen, auch mitzureisen, wenn sie noch nicht flügge waren (und damals war man erst ab 21 »flügge«). Also gab es, zum Beispiel in Cala Ratjada, dem Fischerort am Ostzipfel der Insel mit seinen einst unbebauten großen Badebuchten, wunderbare Begegnungen und zarte Bande.

Cala Ratjada war vielleicht eines der ersten Anzeichen des Untergangs der Insel. Denn die Bucht »Cala Ratjada« lag ganz am östlichen Zipfel und gehörte zur Gemeinde Artà, die natürlich im Innenland lag. Der Mallorquiner als Eingeborener konnte über Tausende von Jahren mit dem Meer und dem Wasser nichts anfangen. Er verkroch sich stets in Ortschaften, die dem Wasser abgewandt waren. Die meisten Mallorquiner haben auch nie schwimmen gelernt, wenn sie nicht Kinder von Fischern waren. Selbst Palma, die Haupt- und Hafenstadt, wurde landeinwärts gebaut und erst in den 50ern zum Hafen hin entwickelt. Der damalige Bürgermeister von Artà muss irgendwann wohl mitbekommen haben, dass seine Kollegen sich da unten, in Palma, Andratx und Calvià, mächtig bereicherten durch die Vergabe von Bauland am Küstenstreifen. Und als dann die ersten Hotelinvestoren auch seine Gegend besuchten und um Bauland an den Calas von Ratjada fragten, hat er gleich in großem Stil seine Schätze verwurstet. Denn entlang der Cala Ratjada entstanden – aus dem ehemaligen Fischerort, dem Hafen von Artà – erste Hotelkomplexe und heute kann man in Cala Ratjada sehen, wie Korruption und Rücksichtslosigkeit eine sympathische, aber eher kleine Bucht in ein monströses, geschmackloses Urlauberzentrum verwandelten.

Eddi und ich und die beiden 16-jährigen Mädels aus Wuppertal saßen noch direkt am Hafen in der Bar »Puerto«, tranken Gigs (Cognac mit Cola), aßen Papas Arrugadas und wir Jungs, einquartiert in ein Hostal namens »Amor y Paz«

versuchten, die Mädchen mit dem billigen Alkohol soweit zu bringen, dass man wenigstens ihre jungen Körper vor dem Familienhotel erforschen konnte. Mehr war nicht, aber das war schon gut.

Die Kellner und Wirtsleute nahmen herzlichen Anteil an der jungen Blüte. Nur einmal mussten wir scharfe Ermahnungen der Guardia Civil hinnehmen, denn unter Franco war öffentliches Knutschen verboten. Erst wollten sie uns sogar zur großen Kaserne der Guardia Civil außerhalb von Artà mitnehmen, aber die Tränen der Mädchen ließen sie dann doch von diesem Blödsinn Abstand nehmen.

Als die Mädels dann nach zwei Pauschalwochen (wir waren nur vier Tage mit ihnen in dem wunderbaren Hafenort) nach Hause flogen, geküsst und behütet abgeholt vom Bus des Reiseveranstalters Scharnow, entschlossen wir uns für eine etwas ruhigere Gangart und wollten an den Platz, wo es uns bislang am besten gefallen hatte: An den »Hamburger Hügel« (er hieß damals noch nicht so), der Ecke hinter dem weiten weißen Strand Es Trenc und den liebreizenden Calas de Mallorca.

Denn nach Tagen des Rumtreibens auf der Insel hatten Eddi und ich uns für den Flecken Cala d'Or entschieden, um ein paar Tage an einer Bilderbuchbucht, von einem kleinen Hotel bewacht, zu verbringen. Cala d'Or, damals eine Haupt- und eine Querstraße und, entlang drei kleiner Calas (Buchten), erste weiß-kubische Ferienhäuschen, vielleicht zwanzig, in einer ersten Siedlung, und, wie uns unser mallorquinischer Hostalbesitzer Jaime später erzählte, meist von Düsseldorfer oder Kölner Luden erstanden, die hier sich und ihre Mädchen ein paar Tage erholen ließen.

Und das stimmte: Nirgends sah man eine so gewaltige Anzahl aufreizender junger Mädchen am Strand wie hier; und abends in der

Disco (ja, es gab eine, im Keller, den Namen habe ich vergessen, Palm d'Or oder so) traf man den goldbehangenen Lude nebst aufreizender Nutte, die gerne mit jungen Burschen einen Blickflirt einging. Als ich mit einer besonders hübschen an der Bar ins Reden kam, sogar über Literatur, nämlich Nabokovs Lolita. Das hätte sie angeblich gerade gelesen (ich habe damals immer den Intellektuellen gegeben mit Sprüchen wie: »Was liest du gerade?« Nach Feuer oder der Zeit konnte ja jeder fragen!).

Jedenfalls, es knisterte im Schuppen und in meiner Trevira-Baumwoll-Hose … da kam der junge Hotelbesitzer Jaime von unserem San Francisco Hostal zu mir und sagte in gebrochenem Englisch: »Carefull, she belongs him, he is realy dangerous«, und zeigte vorsichtig auf einen Luden, goldiger behängt als die anderen, aber schon damals fitnessgestählt (gab es überhaupt schon Fitnessgeräte?). Aber man war jung und leichtsinnig genug, erst mal weiterzuplaudern, ehe ein Pfiff – ja, richtig, ein Pfiff – durch die eigentlich laute Disco schallte. Mehr nicht, aber Maria verabschiedete sich sofort, nicht ohne mir einen filmstarmäßigen verzweifelt-heißen Blick zuzuwerfen.

Ja, ich komme ins nostalgische Schwärmen, wie jeder Bauer, wenn er von früheren Ernten berichtet, aber so war es eben, und wenn man in Cala d'Or tagsüber herumlief, kannte man jeden Gast und Gastwirt innert zwei Tagen.

Cala d'Or war damals sicher der schönste Flecken mit seinem hügligen Hinterland und den zahlreichen Buchten, für einen Meeres- und Lebenssuchenden. Schauen Sie sich heute mal Cala d'Or an. Und das Hinterland. Und links und rechts …. Google Earth macht es möglich, ohne sich in die Nesseln der Wirklichkeit setzen zu müssen.

Jaime war wie gesagt der Hostalbesitzer, oder besser gesagt, Sohn der Eltern, die das

Hostal einst 1954 eröffnet hatten. Sie hatten ein einfaches Wohnhaus umgestaltet, sie nannten es (und es heißt noch immer so) San Francisco, das ließ Weite und Sehnsucht erahnen. Zusammen mit Jaime fuhren Eddi und ich eines Abends zu einer damals ganz neuen Touristenbelustigung, genannt Barbecue auf einer Finca.

Jaime fuhr, und das war eben jene Fahrt, wo die Heilige Schwarze Madonna dringend gefordert war. Jaime raste die engen Straßen, Feldwege von brüchigen Steinmauern gesäumt, in einem Seat 1500 entlang. Es gab dafür keinen Grund, wir waren gut in der Zeit. Er wollte einfach rasen wie ein Kind, das nach Jahren endlich einen Urwunsch erfüllt bekommen hat. Immerhin schaute er stur gerade auf die Straße, ließ sich auf kein Gespräch während der Fahrt ein und trank auch beim Barbecue keinen Tropfen Alkohol.

Es wurde eine lustige Party, fast nur von urlaubenden Engländern besucht, die gut feiern konnten und deren Mädels ja bekanntlich in den frühen 70ern schon weiter waren als die vom Schwarzwald. Sie hatten nichts gegen Spaziergänge zwischen den Grillgängen des Barbecue in der Finca …

Naja, jedenfalls fuhren wir weit nach Mitternacht wieder rasend zurück, wieder in maximalen Tempo wie Winston Wolf in Pulp Fiction und kehrten in die oben genannte Disco zurück. Alles easy. Plötzlich kam ein junger Mann in einem Rollstuhl in die Disco, tanzte mit seinem Stuhl erst ein bisschen auf der Tanzfläche und rollte dann zu Jaime, um ihn herzlich zu begrüßen. Pepes Eltern hatten ebenfalls ein Hostal an der Cala Petit und Jaime stellte ihn vor mit den Worten: »This is Pepe. We had an accident two years ago with my car …«. Oh, danke, Schwarze Madonna.

So, genug der ollen Schmonzetten. Aber Sie ahnen jetzt: Ich habe nichts genetisches gegen Mallorca. Inzwischen habe ich mindestens drei

Jahre meiner bisherigen Lebenszeit auf der Insel verbracht und mindesten hundert Mal kam ich an und ging wieder. Es war ein schleichender Prozess, der meine Liebe in Hass verwandelte und erst im April 2016, als ich für vier Wochen ausspannen wollte und ein Ferienhaus gemietet hatte, wurde mir völlig klar: Diese Insel ist zu einer Naturkatastrophe geworden. Verkommen, ohne Stil, heruntergewirtschaftet, Energie und Geist störend, von den Neureichen aller Länder Europas – vor allem aber den Mallorquinern und den Deutschen und etwa abgeschwächt von den Engländern – zu einer Konkave des schlechten Geschmacks gemacht.

1.

Der Mallorquiner

Wir müssen anfangen mit den Eingeborenen, denen ja die Insel gehört.

Der Mallorquiner ist nicht zu verwechseln mit den zugewanderten Spaniern. Aber wenn Sie als Gast der Insel, als Tourist, unhöflich, miesepetrig, arrogant und zynisch behandelt werden, dann ist das Gegenüber entweder ein auf der Insel lebender Deutscher … oder eben einheimischer Mallorquiner.

Inselbewohner sind überall auf der Welt ein

eigener Schlag. Wer sich Jahrhunderte abgeschottet wie Robinson in Clans entwickelt, wo Inzucht und Kleingeist zum Lebensmotto gehören, kann sich nicht innert jetzt 50 Jahren von Grund auf neu erfinden. Die DNA enthält so viele Normen und »Vorschriften«, wie man sich verhalten soll, dass diese vielleicht in zwei weiteren Jahrhunderten mit solch intensiven Außenkontakten wie jetzt, sich verändern kann. Heute sagt diese DNA den Mallorquinern:

sei eigensüchtig
traue keinem, schon gar nicht einem,
der nicht von der Insel stammt
nutze jede Gelegenheit, dich zu bereichern
schließe keine Freundschaften mit
Nicht-Mallorquinern
sei korrupt

Es gibt wahrscheinlich keinen Flecken auf der Welt, wo mehr ehemalige Bürgermeister von Kommunen angeklagt oder im Gefängnis sitzen wie in Mallorca. Ob aus Andratx, Artà, Palma, Calvià, Sóller, Inca, Lluchmayor, Felantitx, Manacor: Überall regierten oder regieren in den letzten 40 Jahren Leute, die sich in ihren Ämtern schamlos bereichert haben oder bereichern. Die Bürgermeister in Spanien insgesamt haben eine sehr große Machtfülle, vor allem im Bereich Bau und Bauplanung. Und das sind die Kerngebiete, in denen in touristisch boomenden Landstrichen das meiste dunkle Geld zu verdienen ist. Wer auf Mallorca in den 60ern bis 90ern ein Hotel oder eine Ferienvilla bauen wollte, kam gar nicht umhin, ein Drittel seines geplanten Etats für Schmiergelder zu verwenden. Vom Bauamtsleiter, über den Bürgermeister und den Notar bis hin zum Inselparlamentarier galt es, einen Umschlag mit Scheinen parat zu haben. Da man als Nicht-Insulaner ja auch nicht wusste, wie der jeweilige Schmiergeldtarif ist, braucht man dann auch teure einheimische Berater, die Summe und Personen kannten.

Korruption versaut das Gemüt; und auch diejenigen, die meist mit linken und ökologischen Parolen kommend, dann in den Nuller-Jahren des neuen Jahrtausends die Macht ergriffen, hielten dem Druck des stillen Geldes nur kurz stand. Ich erinnere mich an eine Szene 2002, als gerade eine linke Inselregierung die Macht übernommen hatte. Ich recherchierte für einen neuen Inselführer und ging auf das touristische Amt der Inselregierung. Dort traf ich einen rauchenden, bärtigen Angestellten, der vor sich ein großes Schild hatte:

»Hier spricht man kein Deutsch!«

Meine Kollegin ohne Spanischkenntnisse versuchte es auf Englisch. Der Tourismusleiter antwortete noch nicht einmal, sondern schaute nur abweisend. Schließlich sprach ich ihn auf Spanisch an und bat um die neusten Prospekte und Informationen zum Tourismus auf der Insel. Worauf er auf Spanisch sagte:

»Wir geben keine Auskünfte.«

Ich antwortete: »Ich bin doch hier im Fremdenverkehrsbüro, richtig?«

»Keine Auskünfte, bitte gehen Sie«.

Ich sagte zu meiner Kollegin auf Deutsch:

»Das ist das Letzte, der ist für Tourismus zuständig und gibt keine Auskünfte; sowas habe ich noch nie erlebt«.

Worauf der Bärtige in bestem Deutsch sagte:

»Verlassen Sie sofort mein Büro. Wir mögen hier keine Deutschen.«

Eine wahre Geschichte. Meine Kollegin hat daraufhin, und nach zwei weiteren Wochen voller Beschimpfungen über ihre deutsche Herkunft, nie mehr die Insel betreten. Und sie tut gut daran; ich musste leider ab und zu runter, aber jedes Mal, wenn ich die arroganten Mallorquiner sehe und genau weiß, dass ich wieder wie ein Schwerverbrecher behandelt werde, nur weil ich ihnen das Geld auf die Insel bringe, schwöre ich, – wie ich es jetzt endlich auch geschafft habe – nie mehr PMI als Zielflughafen zu wählen.

Noch ein paar Geschichten aus dem Reich der Korrupten und Inselgeschädigten:

2016, nachdem für sonnenhungrige Mittel- und Nordeuropäer die moslemischen Destinationen wegen Anschlägen und Krieg ausgefallen waren, boomte Mallorca nach magereren Jahren 2008 bis 2012 wieder so richtig. Und was finden wir als Slogan an dem Instituto de Balear?

»Tourist go home!«

In der ganzen Stadt wurden die Slogans auf alte Mauern und Häuserwände gesprüht …; am Tourismus Institut, wo junge, im Reisesektor tätig werdenden Leute ausgebildet werden sollen, ist es besonders pervers.

Was erklärt daraufhin die Stadtregierung (grün-rot diesmal), warum sie die Schmierereien nichts sofort entfernen lassen kann? Es könnte sein, dass die Wände beim Reinigen beschädigt werden, und man wisse ja nicht, ob es sich um historisches Gemäuer handle. Deswegen müssten die Schriftzüge erstmal erhalten bleiben. Ein Slapstick? Nein, die mallorquinische Wahrheit.

Für Deutsche, für Ausländer allgemein, ist es natürlich schwierig, einen Mallorquiner von einem Spanier, den es meist aus Gründen der Arbeit nach Mallorca verschlagen hat, zu unterscheiden. Die meisten Spanier, denen man als Gastwirte, Taxifahrer, Bootsbesitzer, Hotelangestellte, Liegestuhlverleiher, Köche, Bauarbeiter, Kranfahrer etc. begegnet, sind ausgesprochen freundliche, lachende und immer zum Plaudern aufgelegte Leute.

Diese Spanier kommen oft aus Südspanien oder der Extremadura, weil dort nur wenig Arbeit zu finden ist. Auch bei ihnen herrscht natürlich eine »Mañana«-Mentalität oder auch ein »la semana que viene«. Das heißt: »Oh, das wird sofort morgen erledigt« oder: »Oh, das kommt in der nächsten Woche bestimmt«. Sie wissen dann, dass es weder morgen noch in der nächsten Woche passiert. Aber dafür ist man ja in der Sonne und das Meer rauscht …

Den Mallorquiner als solchen erkennen Sie daran, dass er mit Ihnen als Gast, als Tourist, als Ausländer gar nicht spricht, sondern Sie wie eine lästige Fliege behandelt, die er vielleicht ertragen muss, die er aber am liebsten erschlagen würde. Bei den ersten Besuchen in den 70er Jahren des 20. Jahrhundert habe ich noch Mallorquiner getroffen, die sich wenigsten bemüht haben, mit mir auf Spanisch zu sprechen (fremdere Sprachen gibt es für die Einheimischen schon gar nicht …); aber seit sie ihren Dialekt (Mallorquin, ähnlich dem Katalan) zur Staatsprache erklärt haben, ist für sie ein Spanisch sprechender Ausländer erst recht zur Plage geworden. Kommt nicht von hier und spricht noch dazu die Sprache unserer Feinde vom Festland. In den Augen meines mallorquinischen Gegenübers sehe ich dann das: »Wie kann ich dem am Besten in den Arsch treten …, und wie kann ich, wenn er fällt, noch seine Brieftasche aus der Hose ziehen.«

Diese Verachtung für Nicht-Insulaner betrifft, wie gesagt, auch die Spanier. Ein auf der Insel lebender Freund von mir, der in den frühen 80ern mit Familie vom Festland gekommen ist und heute mit seinem Sohn eine freundliche Autovermietung in Can Pastilla führt, nennt keinen einzigen Mallorquiner bis heute seinen Freund oder auch nur Kollegen. Und auch sein Sohn, dort aufgewachsen und »integriert«, hat keinen Zugang zu mallorquinischen Familien. Es ist auch für Spanier unmöglich, sagt Niefers, jemals echte Kontakte zu den Inselmenschen zu bekommen. Sie meinen immer noch, ihnen gehöre alles, auch wenn sie es längst für teures Geld verkauft haben …

Auch ein echtes Phänomen auf der Insel: Auch wenn ein Nicht-Mallorquiner, sagen wir, ein Grundstück erworben hat, wird er ständig von Mallorquinern grob darauf hingewiesen, dass dies »ihr Land« sei. Nirgends wird man so häufig von trotzigen heimischen Neureichen das Wort »mi tierra« (meine Erde) hören wie hier. Auch ein für sehr viel Geld einem Ausländer oder Festlandspanier abgetretenes Grundstück bleibt in den Augen des mallorquinischen Verkäufers eigentlich »mi tierra«.

Bezeichnend, dass sich diese Mallorquiner trotzdem, nach Spaniens EU-Beitritt, schamlos mit europäischen Mitteln ihre »mi tierra« sanieren ließen, von subventionierten Hafenanlagen und Autobahnen bis hin zu Kaimauern, Strandbefestigungen, Altstadtsanierungen und Naturparkanlagen. Dass einer der einflussreichsten Europa-Abgeordneten den Namen »March« trug, ist dabei Legende …

Denn über Mallorca schwebt der Familienname »March«. Patron Juan March wurde 1880 in Santa Margalida (Mallorca) geboren und starb erst 1962 – als glühender Franquist – bei einem mysteriösen Autounfall bei Las Rozas de

Madrid. Sein Leben war ein wahrer Roman: Der skrupellose Mallorquiner stieg vom Schweinehändler zum siebt reichsten Menschen der Erde auf. Auch in der deutschen Wikipedia kann man seine Biographie finden, deshalb nur diese inseltypischen Merkmale:

Er war verschlossen, skrupellos, wenn es um seine Vorteile ging, politisch opportunistisch (erste Wahl in Parlament für eine linke Fraktion, dann Unterstützung aller faschistischen Umstürzler; er finanzierte unter anderem die Truppen Francos, und brachte in eigenen Flugzeugen die marokkanischen Söldner nach Spanien, die schließlich die tapferen spanischen revolutionären Streitkräfte besiegten).

Er ließ sich von Franco Monopole bei Tabak, Alkohol und Erdöl/Energie geben, räumte Widersacher immer diskret und »unaufgeklärt« zur Seite und förderte auch vorausschauend früh die heutige Aristokratie, die gerade die Königsfamilie stellt. Der Liebhaber seiner Frau, der er den Aufstieg und Reichtum verdankte, kam auf ungeklärte Weise schon in den 30er Jahren ums Leben.

March, später seine Söhne und die Familie heute, spielten und spielen das mallorquinische »Ich will alles und noch ein bisschen mehr«-Spiel perfekt. Noch heute sieht der Besucher allenthalben die Banca March – größte Bank der Balearen. Und ein riesiges Stück Land mit herrlichen Stränden hinter Colonia St. Jordi – eingezäunt, obwohl man das eigentlich laut Gesetz nicht mehr dürfte – wird immer noch von der Familie March kontrolliert. Klar, dass sie in Politik, Medien, Tourismus, Telekommunikation, Versorgung etc. immer noch die bedeutendste Rolle spielen. Der lange »March« ist lange nicht vorbei …

Zusammenfassend, liebe Touristen, macht euch immer klar bei einer Reise nach Mallorca: Ihr seid in den Augen der Einheimischen ungebetene, unerwünschte Gäste, die man nur duldet, weil sie für überteuertes Geld ein Stück Liebe kaufen wollen. Liebe zu dieser herrlichen Erde, zu diesen Stränden, zu diesem Klima, zu den frisch gefangenen Meerestieren und den wunderbaren Grillarden. Diese Liebe ist teuer erkauft, und sie wird von einem niemals akzeptiert: Vom Eingeborenen. Da bleibst du als Tourist ein Eindringling und Fremdkörper. Nur wenn du diesen Hass akzeptieren kannst, und ihn vielleicht sogar ignorieren kannst, und wenn du akzeptierst, um deiner Liebe zu diesem Stücken Erde Willen, abgezockt zu werden, kannst du vielleicht einige frohe Tage haben. Aber da ist ja nicht nur der Einheimische, da sind ja noch andere Stolpersteine der Liebe.

2.

Die deutschen Residenten

Etwa 40.000 Deutsche leben offiziell angemeldet auf Mallorca. Dazu kommen sicher nochmals 20.000, die praktisch fest auf der Insel leben, aber noch in einem anderen Land – oder nirgendwo – gemeldet sind. Und die meisten dieser 60.000 fühlen sich mallorquinischer als die Mallorquiner. Ihnen gehört die Insel. Und die deutschen Landsleute, die gutgläubig als Touristen oder Besucher auf die Insel kommen, gilt es zu verachten und zu verarschen.

Ein Gutteil dieser Residenten, wie man sie nennt, ist im »gehobenen« Dienstleistungssektor tätig; oder er verlebt und verbraucht einfach sein auf zwielichtigem Wege erworbenes Vermögen. Ein Gutteil dieser Residenten ist auch schlicht und einfach Alkoholiker. Wer es permanent länger als drei Jahre auf der Insel aushält, hat zu 80 Prozent ein Alkoholproblem.

Es beginnt meist harmlos. Man hat sich auf der Insel etwas gekauft; oder man hat sich langfristig eingemietet. Man wollte ja schon immer mal hier leben, jeden Tag Sonne, jeden Tag Strand und Ferienstimmung. Vielleicht hat man sich auch für einen Job auf der Insel entschieden; jedenfalls, bald wird man keine Lust mehr haben, abends in den eigenen vier Wänden zu hocken. Also geht man raus, ins »Bei Hertha« oder ins »Bismark« oder auch echt spanisch zu Jose und Monika ins »Casa de Jamon«. Vielleicht, um sich mit anderen Residenten zu verabreden oder auch in lustiger Runde vor Ort.

Dort gibt dann ein Glas das nächste und schwer lallend fällt man abends ins Bett. Schon der nächste Tag wiederholt den ersten »lustigen« Ausflug mit den neuen Freunden. Und bald trifft man sich nicht erst zum Abendbrot, sondern geht noch bei »Hubi« oder beim »Dieter« zu einem Apero, wo der Gin Tonic, das erste Pilschen, der Hugo oder das Gläschen Sekt eingeschenkt werden. Billig ist es in diesen Apero-Bars, die es entlang der Hauptstraßen in den touristischen Siedlungen zu Hunderten gibt, allemal. Nach den leckeren Aperogetränken geht's dann wieder zum Abendbrot bei »Herta« oder »Matthi's« oder »Wolfgang«. Noch ein paar Flaschen Wein und natürlich den leckeren Brandy danach. Und schon bald ist der frühe Nachmittag gesetzt: Mittagessen bei »Maria und Kurt«, zwei Flaschen Rosé dazu, dann Apero bei »Hubi«, dann Abendbrot bei »Deine deutsche Ecke«. Immer gut garniert mit leckeren Getränken. Schon bald kommt man keinen Tag mehr ohne Alkohol aus; und schließlich gibt es auch an jeder Ecke den »Frühschoppen«. Na klar, wer würde das Weizenbier mit zwei Münchner Weißwürstel nicht lieben? Und dann geht's vom Weizenbier mit Weißwürsten, zum Gin Tonic mit Nüsschen, zum Mittagessen mit Rosé und Cafe solo mit Carlos I, zum Apero mit Hugo, Sektchen, Rum Cola, zum Abendessen mit einigen Flaschen Rotwein von der Insel, danach ein »spendiertes« Schnäpschen, gerne den süßen Tunel der Insel, zum Whiskey oder Wodka.

Mit dem Auswanderer wandert auch seine Leber aus; und mit der immer größeren Langeweile wird auch die Leber immer größer. Am Ende kurzer Tage dieser deutschen Residenten fallen sie alle in ein großes Loch der Einsamkeit und der Entfremdung. Und dieses riesige große Loch ist dann voller Alkohol.

Diese harmlos verlorenen Alkoholiker machen – wie gesagt – vielleicht 80 Prozent der Residenten aus; daneben gibt es aber auch die

20 Prozent, die auf der Insel sich nochmal richtig wichtig machen. Auch sie sind allermeist Alkoholiker, aber das merkt man dann nicht auf den ersten Blick. Diese Residenten trifft man auch nicht bei »Herta« oder bei »Dieter«. Sie sind im Ritzi in Portals Nous, sie sind in der Sansibar in Puerto Adriano, sie sind zum Sonnenuntergang in Puerto de Andratx.

Diese edlen Residenten haben sich auf der Insel oft noch eine Aufgabe gestellt: Sie haben eine Immobilienfirma, sind Architekten, Ärzte, Berater, Bauentwickler, Tourismusmanager, meist in den Jahren vor der Pensionierung. »Noch mal was anderes machen«. Längst in Deutschland nicht mehr gefragt, können sie nun die Heimat gründlich und lautstark nieder machen. Immer natürlich begleitet von edlen Alkoholika. Der Rotwein (Rioja) fließt in Strömen, der Brandy und der Gin Tonic sowieso. Spät abends dann in der Ritzi Lounge, im Key West, im »Golden Door« oder dem Colon. Großkotzige Sprüche über die armen Touristen und dummen deutschen Rentner. Eine Bande wichtigtuerischer Männer – viele kurz vor der Pleite – und ihren blond gefärbten Tussis mit aufgeblähten Brüsten und erstaunlich häufig prall gespritzten Lippen. Diese Tussis sind acht bis 30 Jahre jünger und bestehen aus hochhackigen Schuhen und engen, tief ausgeschnittenen Shirts. Irgendwo – garantiert – taucht an Gürtel, Tasche, Schuhe, Uhr, Handyschoner oder Geldbeutel das bekannte Zeichen von Louis Vuitton auf. Und sogar, anders als bei den »dummen« Touristen, echt eingekauft am Passeig des Born in Palma oder einer anderen Straße der Möchtegerns in Cannes, Saint-Tropez, Marrakesch, Costa Smeralda …

Die dummen Touristen, zugegeben auch nicht gerade erstrebenswert, kaufen ihren Louis Vuitton in billigen Fälschungen bei einem der dunkelhäutigen Straßen- und Strandverkäufern rund um den Ballermann. Hier wird dann das Echte wie das Gefälschte zum einheitlichen

Wahnsinn. Immerhin kostet das »Gefälschte« gerade ein Hundertstel des »Echten«.

»Was hat der Mann gegen uns?«, werden die Residenten zu Recht fragen. Ehrlich gesagt: fast nichts. Bloß eben eure Arroganz gegen den urlaubenden Deutschen und Touristen, eure lauten Sprüche gegen den normal »hart« arbeitenden Menschen in Deutschland, auch gegen das eigene Heimatland allgemein; dann habe ich etwas gegen euren Rassismus und gegen euren Geiz. Etwas leiser wäre besser, etwas bescheidener wäre angemessen, etwas respektvoller wäre würdig. Hinter großen lauten Sprüchemachern sollten auch große laute Geister sein und nicht nur aus dem Alkohol geschöpfte Verachtung für Gastgeber und Landsleute.

3.

Die Immobilienmakler

Wer nichts wird, wird Wirt, ist ein beliebtes Bonmot, das auf Mallorca ergänzt wird durch: *Und ist's mit der Kneipe auch vorbei, dann wirst du halt Immobilien-Hai.*

Jedes zwei Büro in den heruntergekommenen Straßen der den Stränden vorgelagerten Ansiedlungen von Cala Mayor, Portals, Palma Nova, Andratx oder auf der Südwest Seite Cala d'Or, Portocolom, Artà, Puerto de Alcúdia etc. ist von einer traurigen Gestalt, die sich Immobilienmakler rufen lässt, gemietet. Jeder in seinem Heimatland Gescheiterte meint auf Mallorca seinen deutschen, niederländischen, englischen, österreichischen, schweizerischen, skandinavischen Landsleuten seine »Dienste« als Makler anbieten zu sollen. Und weil natürlich der Mensch gemeinhin den Hang hat, seinen völkischen Landsleuten – allein schon wegen der Sprache – am ehesten trauen zu können, werden Wohnungs- oder Hauskäufe auf der Insel meist von solchen in der Heimat gescheiterten Existenzen vermittelt.

Die Begehrlichkeit nach Eigentum auf der Insel hat auch in den Krisenjahren 2008 bis 2012 kaum nachgelassen und jetzt, mit dem neuen Spanienboom seit 2016, werden wieder Angebote gemacht, die jeden Sinn und Verstand des Käufers ausschalten müssen. Und dazu bedarf es dann dieser Immobilienmenschen, die einem – lässt man sich darauf ein – so lange verfolgen, bis man für 10.000 € pro Quadratmeter in einem alten Apartmentkomplex mit Meeresblick, wenn man sich weit über den Balkon lehnt, eine Wohnung gekauft hat.

Die Anmache der unbedarften Urlauber beginnt meist an einem der Strände oder der Urlaubslokale. Ich habe zuletzt im April 2016 am Strand von Portals einen dieser Anmachversuche erlebt; und zwar bei Dieter Bohlen, den man ja aus TV und Musikszene kennt und der nun ein ehrlicher alter Mallorcafan ist. Aber bis auf eine kurze Zwischenzeit in Camp de Mar hatte Bohlen nie eine eigene Immobilie besessen. In der Regel mietet Dieter – wenn ich ihn so vertraut anreden darf – sich sein Plätzchen …; aber zurück zum Strand, wo Dieter zunächst unbehelligt mit seinen zwei süßen Kindern und seiner Lebenspartnerin Zeit verbrachte. Durch Zufall lag ich in Hörweite der Bohlens, als der Immo-Hai anschlich; er brachte (s)ein eigenes Kind in der Altersgruppe des Mädchens von

Bohlen mit, und ließ sein Kind auf diese los. Als der Kontakt der Kinder dann da war, begann der Hai auf Bohlen einzureden. Wie schön es auf Mallorca sei, und seine Sendungen seien genial und ob er auch Stefan vom *lila* kenne (der neue In-Treff) etc.

Dieter war vorsichtig, aber schließlich ließ er sich auf das Gespräch ein. Und machte den Fehler zu erzählen, dass er oben in Portals zur Zeit eingemietet sei, aber mal wieder was Festes auf der Insel suche. Jetzt kam der große Zufall: Ach, ich habe da ein paar tolle Objekte, ja, ich bin Immobilienmakler, aber nur für *upper end* Kunden, zur Zeit gibt's tolle Sachen, gerade von Leuten, die sich die Insel nicht mehr leisten können und verkaufen müssen oder von Bankern, die gerade den Job verloren haben. Dieter wurde hörbar misstrauisch, aber natürlich auch neugierig. Zufällig waren die Objekte unseres Mannes in Bohlens Lieblingsorten: Puerto de Andratx, Cala Ratjada, Portals.

Dieter wurde noch misstrauischer, weil alles so schön passte.

»Was kosten die denn?«, fragte er.

»Na, so zwei bis vier Millionen, alles tolle Meersicht, echt genial, würde sie am liebsten selbst kaufen, aber natürlich, soviel Kohle habe ich nicht«, schmeichelte der Immobilienmann.

Er erzählte noch die Geschichte, dass er gestern einem Scheich aus Katar gerade eine Villa für 6,8 Millionen verkauft habe in Camp de Mar:

»Der hat gar nicht versucht zu handeln. Aber das geht bei so Sachen auch nicht.«

Aha, ganz geschickt, weil man ja weiß, dass Bohlen sehr sparsam ist. Gleich mal vorbauen, denkt sich der Makler. Schließlich tauscht man Visitenkarten und Mailadressen:

»Ich stalke Sie nicht, keine Angst, Herr Bohlen. Nur wenn was für Sie passt, melde ich mich.«

Dann aber der gezielte Angriff:

»Morgen könnte ich Ihnen eine Villa zeigen,

die sicher perfekt für Ihre tolle Frau und die Kinder passt, in Andratx. Haben Sie Interesse? Um elf vielleicht?« …

Kurze Auflösung, zwei Tage später: Ich liege am selben Strand und Familie Bohlen taucht etwas später wieder auf. Weil wir uns durch die Treffen am Strand inzwischen kennen, frage ich ihn, ob er schon Objekte angeschaut habe.

»Ja klar, mit dem Österreicher. Alles scheiße. Schattenlöcher. Will mir weiß machen, dass die Sonne im Westen aufgeht …, und saumäßige Preise. Denkt wohl, weil ich Schlager singe, bin ich doof. Außerdem hat der gar kein richtiges Maklerbüro, der sucht sich Angebote von Maklern und will die dann vermitteln zum Arschlochpreis.«

Dieter hat also immer noch nichts (Stand Juni 2016) und lässt sich auch nicht von diesen Strandanmachern reinlegen. Im Grunde sind die Immo-Haie schrecklicher als die dunkelhäutigen Sonnenbrillen-Verkäufer, die einem ununterbrochen ihre Schrottware andrehen wollen. Wahrscheinlich sind diese Händler sogar noch seriöser.

Berühmt, auch durch TV Reportagen, ist ja der kühne Makler, der mittels eines Mini-Hubschraubers über die Insel fliegt und die letzten unbebauten Hänge und lokalen Fincas aufspürt und versucht, daraus handelbare Millionärsunterkünfte zu machen. Ihm gehört inzwischen die größte mallorquinische Immobilienbüro-Kette, aber auch das deutsche Inselradio. Wohl manch frustrierte Millionärsgattin tauscht den großkotzigen Wampengatten zumindest in ihrer pornografischen Phantasie mit dem blonden Hünen.

Spanier und Mallorquiner sind für solche Brachialmenschen natürlich nur biologische Hindernisse, die es aus dem Wege zu räumen gilt. Die neue Begehrlichkeit der Immogeier – man höre und staune – ist das heruntergekommene S'Arenal und die Playa de Palma, gemeinhin bekannt als Ballermann. Wo heute singende Urlauber abfeiern, die aber wenigstens nicht die übrige Insel durch Rundtouren und Sightseeing zerstören, und wo heute noch 2- bis 4-Sterne-Hotels stehen, sollen asap (as soon as possible) Luxusappartements und wenige 5-Sterne-Häuser entstehen. Das Altdorf von S'Arenal soll aufgefrischt werden und die Playa de Palma zur Playa de Abzocke gemacht werden. Sollen doch die deutschen Arbeiter- und Fußballfreunde, die Kegelclubs und Freizeitvereine ihre Feierurlaube in Kroatien oder Bulgarien verbringen (die Türkei oder Ägypten werden ja wohl die nächsten Jahrzehnte weiterhin »Baller«-Gebiete bleiben). »Mallorca gehört uns«, sprach der Herr Immobilien-Aasgeier und vergewaltigt das letzte Stück echten und billigen Tourismus auf der Insel und macht daraus ein weiteres Revier der Kackspechte.

Beweise: Das Gebiet Portinox, oberhalb von Can Pastilla und unterhalb der Kathedrale von

Palma gelegen, einst das günstige Wohnviertel der ärmeren Schichten von Palma, der Fischer, der Arbeiter, der Verkäuferinnen, der Pferdehändler und kleinen Lebensmittelverkäufern. Kaum entdeckt von *Engeln und kühnen First Dostern,* etwa vor zehn Jahren, schon ratzfatz umgebaut zu einem der teuersten Wohnquartiere und Apartment-Gegenden der ganzen Insel. Warum? Weil Portinox sehr schön am Wasser liegt (das ja die reicheren Mallorquiner einst gemieden haben wie der Teufel das Weihwasser) und mit einer EU-geförderten Strandpromenade versehen wurde. Öffentliche Gelder zur Bereicherung der ewig gleichen Korrupten aus Mallorquinern und Maklern und Bauentwicklern. Der Quadratmeterpreis hat sich innert 20 Jahren dort verzwanzigfacht. Wo der überbaute Raum einst umgerechnet 1.000 Mark kostete, kostet er heute 10.000 € – wenn es reicht.

Das gleiche wird an der Playa de Palma durch die Immobilienmafia erreicht werden. Die weite Strandpromenade ist schon exquisit mit EU-Geldern saniert, die Urlauber werden durch widersinnige Vorschriften verprellt (kein öffentliches Trinken mehr, keine Strohhalme!, keine Musik nach 24 Uhr), während eine Armada von aufdringlichen »Sonnenbrillen«-Verkäufern (in Wahrheit Drogendealer) nicht vertrieben wird, damit sie im Zweifelsfalle unliebsame Urlauber in prekäre Situationen bringt. Und wenn ein Lädchen- oder Kneipenbesitzer nicht verkaufen will an die Geier, dann schicken sie die Truppen der Hells Angels, die durch bloße stete Anwesenheit in einer Kneipe schnell dafür sorgen, dass an das Immo-Kartell verkauft wird.

Wo trifft man nun die Maklertypen (wenn sie einem nicht gerade an den Strand verfolgen)? Ganz sicher in den Lokalen im Yachthafen von Puerto Portals, dort im »Ritzi« oder im »Flanigan«. Gerne auch suchen sie ihre Opfer in den Restaurants der Golfplätze, etwa im Golf

Camp de Mar und dessen Restaurant »Campinopersico« oder im Golfclub der Porsches, in Alcúdia »Golf Alcanada«. Übrigens, wenn ich doch mal was Nettes sagen darf: Das Golfrestaurant von Alcanada ist vielleicht das schönste Landrestaurant der Insel mit einem schönen Fernblick und – wenn man das Glück hat, Platz zu bekommen – einer hervorragenden Karte. Wenn Sie die Porsches treffen wollen, aber eben auch die Schreckensarmada der Makler des Ostens, dann gerne mal mittags hier einkehren.

Ach so, sie wollen gar nicht mehr auf die Insel? Recht so.

4.

Die englischen Proll-Urlauber

Damit nicht der Eindruck entsteht, dass ich in diesem Buch Mallorquiner-, Deutschen-, Schweizer-, Österreicher-Bashing betreibe, wende ich mich einer anderen Gruppe nachdenklich zu, die auch vielfältige Gründe bietet, Mallorca als Urlaubsziel zu vermeiden: Die englischen Proll-Urlauber. Wobei ich mir eine gewisse Liebe und Achtung für diese in der Heimat hart arbeitenden Prolls und ihrer nachhaltigen Art, während der Ferientage auf Mallorca hardcore zu feiern, und das 24 Stunden lang, nicht absprechen möchte. Aber wenn dann zu viel Kotze auf der Erde liegt, wenn dann dieser Geruch des Erbrochenen gar nicht mehr aus der Nase gehen will, dann wird es auch dem Verteidiger des klassischen Urlaubs zu viel.

Die Ecke kennt man: Magaluf. Besser eigentlich »Megasuff«. Liegt links der Autobahn Palma nach Andratx, eigene Ausfahrt, eigene Welt. Jeder hat von der Tussi gehört, die 24 Blowjobs für einen Free-Drink in einer Bar gegeben hat (das Video kursiert immer noch online). Die meisten Schwänze waren übrigens, wenn Sie sich das anschauen, nur mäßig standfest – klare Warnung an Männer, dass zu viel Alkohol beim Erreichen des Ziels sehr hinderlich ist für die Siegesfeier. Aber das sind soziologische Gedanken …

Kommen wir zu einer qualifizierten Kritik dieses Gebiets, aber vor allem auch seiner Ausdünstung über die ganze Insel. Wie gesagt, der englische Proll-Urlauber will saufen, feiern, ficken, wenn er noch kann. Okay, wer will das eigentlich nicht, wenn er in Urlaub geht? Öko-Tussis und Hanfschlappenträger vielleicht ausgenommen, obwohl schon Dutschke einmal zu recht feststellte, dass unter den Öko- (damals Friedens-) Täubchen oft die feuchtesten Lippen warten. Aber Maß und das Ausmaß muss gewahrt bleiben. Und das ist zweifellos beim Spazieren durch Magaluf nicht mehr der Fall.

Wenn fast jeder Tritt in einer »Pütze« endet, wenn mal als Junge permanent von meist übergewichtigen, besoffenen Frauen angequatscht wird und kein Pub betreten kann, wo man als Spanisch oder Deutsch sprechender Mensch nicht wegen Banalitäten in brutale Schlägereien verwickelt wird, dann kippt die gute Meinung doch mal. Die Auseinandersetzungen beginnen meist mit brabbelnd dahin gequetschten Fußballvereinsnamen. Viele davon

(»Chelsea«, »ManU«, »Liverpool«) führen bei der Betonung der zweiten Silbe des britischen Hooligans zu einem Schluckauf und dann zu einem Angespritze, schlimmstenfalls Angekotze des arglosen Gegenübers. Wenn der sich das verbittet (das »Anspritzen«), und auch noch erwähnt, dass die englischen Clubs bislang gegen Real oder Barca oder Bayern oder Paris wenig ausrichten, beginnt das stammelnde Gejohle und das Guinness landet unsanft im Gesicht des Opfers. Nichts wie weg, Freunde, rate ich. Denn auch wenn der unschuldige deutsche oder spanische Intellektuelle mit einigen ebensolchen Freunden im Pub steht, wird die vereinte Armada (halt »Armada« war die Spanische Flotte), will sagen: die vereinte Britische Macht auf dich lostreten. Keiner meint es dabei böse, das sei versichert, es ist mehr ein Reflex, so wie man mit dem Fuß wippt, wenn eine bestimmte Stelle am Knie (Patellarsehnenreflex) getroffen wird.

Magaluf ist pornografisch, brutal, primitiv, britisch. Und doch hat der Nikki Beach sich erfrecht, am Rande von Magaluf einen seiner sündhaft teuren, sündhaft edlen Beach Clubs zu bauen, und die Melia Hotelkette – nicht faul – hat daneben das Designer Hotel ME, ebenfalls mit Beach Club, gebaut. Wie passt das zusammen? Nun, ähnlich wie bei der Playa de Palma ist das Feriengebiet bei Magaluf nicht aus dem Nichts entstanden, sondern weil es an einer sehr schöne Strandbucht liegt. Und als eben die ersten Pauschalhotels gebaut wurden, in den 60er Jahren des letzten Jahrhunderts, haben die deutschen Neckermänner die Playa de Palma für sich entdeckt und – möglichst weit weg von den Deutschen – die englischen Thomas Cooks die Bucht von Magaluf. Da war gar nichts, ehe die ersten einfachen aber schon recht hohen Hotels englischer Investoren entstanden. Bezeichnend, dass die ersten 5-Sterne-Hotels der Insel nicht an der Playa de Palma oder bei Magaluf entstanden, sondern im Landesinneren. Bransons »La Residencia« in Deià, Schörghubers »Arabella Son Vida« im gleichnamigen Gebiet hinter Palma.

Jetzt wird auch von den Immobilien-Haien versucht, Magaluf den Prolls zu entreißen. Die wehren sich aber bislang beherzt, wenn auch gelegentlich übertrieben. In Magaluf steht noch immer die größte Diskothek der Insel, das BCM, in dem allnächtlich im Sommer (Juli bis September) eine schlagkräftige Security einer wild gewordenen Horde aus verhinderten oder echten englischen Pornodarstellerinnen und brüllenden saufenden Hooligans gegenübersteht. Da in spanischen und mallorquinischen Discos erst ab drei Uhr nachts die Post abgeht, sind vorher die grell erleuchteten Pubs entlang der Avinguda de l'Olivera und der Avenue Magaluf Orte des Schreckens und Blasens. Und damit sind nicht die Röhrchen der heimischen Guardia Civil gemeint.

Magaluf könnte dem Schicksal der Playa de Palma, dass es zu einer Schickimicki-Hochburg wird, vielleicht entgehen. Trotz Nikki Beach und ME, trotz Chaval Beach Club, wo erste Hells Angels-Aufläufe gesehen werden, scheint der Widerstand der knallharten Prolls aus Manchester, Leeds, Glasgow und London ungebrochen. Der alltägliche Sommer Wahnsinn und der alljährliche Blowjob-Wettbewerb gehen weiter. Und 24 Blowjobs am Abend, das ist ja wohl zu schlagen. Fangt etwas früher an, dann sind die Jungs auch noch etwas standfester.

5.

Die Ballermänner und die Arschgeweih-Frauen

Geht es Ihnen auch so: Wenn man etwas nicht mehr sehen kann, wenn man sofort weiß, hier bin ich total falsch, wenn man reflexartig die Flucht antreten will, dann ist das in Gegenden, wo das Arschgeweih noch lebt. Und obwohl ich sonst meine Playa de Palma immer verteidige, hier endet dann meine ästhetische Toleranz. Als sollte der abseitigste Tätowierer nicht erfahren haben, dass das Stechen eines Arschgeweihs seit ungefähr zehn Jahren zur sofortigen Lähmung beider Hände des Tätowierers führt und zu lebenslangem Berufsverbot, scheint es immer noch solche zu geben, die am oberen Ende des weiblichen Arsches Hand anlegen. Pfui!

Wenn aus den engen Hosen der Mädchen das Geweih, das Gerose, das Gesichte, das Gezackte hervor lugt, ahnt der geneigte Junge, dass er zwar schnell mit der Hand zwischen den Schenkeln wäre, ihm aber vor oder nach Gefummel und Gemache ein schrecklich langweiliger, öder, lusttötender Abend bevorstände. Arschgeweih-Trägerinnen könnten sich besser auf die Stirn schreiben lassen: Fick mich, aber frag mich nichts … oder steht das schon über ihrem Arsch?

Und leider ist eben die Playa de Palma, der Ballermann, wie man gemeinhin sagt, das letzte Mekka dieser Gattung Mädels. Gut, es mag ja sein wie mit allen Moden, dass in 20 Jahren das Arschgeweih wieder eine Renaissance erlebt. Aber jetzt, bitte, verdeckt und überklebt es. Man trägt ja auch heute wieder gerne sexy Ganzkörperbadeanzüge oder es gibt wunderbare dreieckige Aufklebefolien in Hautfarben. Die Jungs an der Playa, die sonst Sonnenbrillen oder Koks verkaufen, haben sicher auch Aufklebefolien. Einfach fragen, sie heißen übrigens alle »Helmut«.

Weil ich gerade von diesen Händlern, meist aus dem Senegal, berichte: Sie sind wirklich recht lästig und penetrant. Aber: Es sind arme Kerle, die nur versuchen, zu überleben. Man hatte sie in der Presse im Frühjahr 2016 sogar zu IS-Terroristen gemacht, die sich, so die Befürchtung, beim Sonnenbrillenverkaufen an belebten Stränden zu Gunsten von Allah und zu Ungunsten der Badenden in die Luft sprengen könnten. Keine Sorge, das ist noch nie passiert und die allermeisten der Jungs, nein, alle sogar, gehören einer streng hierarchischen Gruppe an, die vom zentralen Boss in Palma gut überwacht werden. Unter ihm dann die Großverteiler, die in Peugeot-Partnerautos die gefälschte Ware zu den Verteilorten bringen, wo sie wieder von den Fußtruppen entgegengenommen wird. Und die Jungs müssen, um dabei bleiben zu dürfen, täglich ihren Umsatz machen.

Und so hat es mich im Mai 2016 erschüttert, lesen zu müssen, dass trunkene Schweizer Spieler des Streethockey-Vereins Seetal Admirals aus Lenzburg gegen die Straßenverkäufer einen rassistisch motivierten Angriff fuhren. Lassen wir den »Blick« erzählen:

> Wie Augenzeugen schildern, haben die Händler wütend reagiert. Sie hätten die Touristen gebeten, ihre Familie nicht zu beleidigen.
>
> ***»Schweizer wurden ratzfatz plattgemacht«***
>
> Doch die Gruppe der Seetal-Admirals kamen erst so richtig in Fahrt. Es wurde immer lauter. Mehr Vereinskollegen und auch Straßenhändler kommen dazu, Mitarbeiter des Mega-

park versuchten, zu schlichten. Vergebens. »Plötzlich ging alles ganz schnell«, sagt Martin König (26), Ex-Promoter des Megapark. »Wer den ersten Schlag getan hat, weiss ich nicht, aber innerhalb kürzester Zeit waren da mindestens zwei Dutzend Menschen in die Prügelei verwickelt. Die Schweizer waren aber so besoffen, dass sie ratzfatz plattgemacht wurden.«

»Niemand wurde verhaftet«

Maximal fünf Minuten dauerte das Ganze. Ergebnis? »Ein Schweizer lag mit Kopfverletzungen am Boden, mindestens drei weitere bluteten. Die Schweizer hatten auch Frauen dabei, die schrien und weinten«, so König weiter. »Den Straßenhändlern ist so gut wie nichts passiert. Einer hatte Schürfwunden an der Hand.«

Wie die Zeitung schreibt, kam die Polizei erst hinzu, als alles vorbei und die Straßenhändler verschwunden waren. Verhaftet worden sei niemand. »Der, der am Kopf verwundet war, musste ins Spital«, erzählt König weiter.

»Das wird ein internes Nachspiel haben«

Beat Fey (65), der Vereinspräsidenten der Seetal Admirals, wird mit den Geschehnissen konfrontiert und ist der fassungslos. »Das ist eine Katastrophe, ich bin sprachlos. Das war eigentlich eine Dankeschön-Reise für unsere Helfer und Vereinsmitglieder nach einer gelungen Veranstaltung – aber damit haben wir nicht gerechnet. Das wird ein internes Nachspiel haben. Wir verurteilen Rassismus aufs Schärfste!«

Rassismus, genau das ist das Schlimme dabei; und er wird eben in alkoholisierten, primitiven Köpfen sehr schnell aktiviert. Aus der fröhlich feiernden Gemeinde am Ballermann ist eine zweigeteilte Gesellschaft geworden: Weiterhin gibt es die sangesfreundlichen Leute aus dem Ruhrgebiet, aus Köln, Düsseldorf und Bremen.

Und dann eine Schicht von meist kleinstädtischen, dörflichen Mitteleuropäern, die ihr eigenes Benachteiligtsein im Geist durch Rassismus, nicht nur an den dunkelhäutigen Straßenverkäufern, sondern gar noch an den Spaniern oder Engländern oder Franzosen, rauslassen müssen.

Schreckliche Szenen – für die man sich breit fremdschämen muss – sind Alltag zwischen Schinkenstraße und Bierstraße, zwischen Ballermann 6 und Oberbayern, zwischen Megapark und Wurstkönig geworden. Wo einst Reinhard Mays »Über den Wolken, muss die Freiheit noch grenzenlos sein« einem reinen, natürlichem Freiheitstrieb zu geschmackvoller Belustigung erklang, ist heute Mickie Krauses »Finger in Po, Mexiko« Standard geworden. Während die feine Schlagerlyrik einer Kirstin Ott (»Die immer lacht«) weiterhin ihre Liebhaber am Ballermann findet, und auch Helene Fischers »Atemlos« die Herzen und Köpfe erfreut, feiern die Primitiven Songs mit rassistischen Untertönen: »Biste braun, kriegste Fraun« (Mickie Krause), »Besoffene Deutsche« (Tobee), »Heut Nacht Helene« (Mike Mucke), »A Rindvieh mag koa Bier« (Die Spaßrebellen) oder »Kleiner Klopfer« (Lorenz Büffel). Und auch der Bi-Ba-Butzemann darf da nicht fehlen, er geht am Ballermann herum und säuft sich dämlich und auch dumm.

Dabei war es einmal eine liebenswürdige Spaßecke dort an der Ausfahrt 11 der Autobahn Palma nach Lluchmayor: Ich habe ihr selbst – zusammen mit meinem Reisegefährten – ein Denkmal gesetzt in meinem Buch »Die ganze Welt ist Ballermann. Karten an Martin Walser«, das bei Goldmann, München, und im Unterwegs Verlag, Singen, erschienen ist. Das war vor genau 20 Jahren, als Matthias und ich uns rund um die Welt aufmachten, um zu sehen, ob in den Metropolen der Welt so etwas wie die metrokryptische Stimmung dieses kleinen Fleckchen Erde zu finden ist. Und die drei abschließenden

Abende am Ballermann, untergebracht im RIU Hotel San Francisco, waren eine Romanze an das schöne Leben der »Sierra Madre« und eine Erinnerung an Paolas »Blue Bayou«; es war die Zeit, als Hubert von Goisern nicht »Brenna tuats guat« (auch ein riesiger Ballermann-Hit) singt, sondern mit Zabine den »Juchitzer«. Als wir damals nach drei anstrengenden Reisewochen um die Welt an der Ausfahrt 11 hinter zur Playa und dem echten Ballermann 6 fuhren, spielten sie aus der »Goldenen Mitte« im damaligen RUI Palace Areal volle Lautstärke »Sierra Madre« und am Ballermann 6 den Klassiker: »Buenos Dias Matthias, wir sind wieder da. Alle Mann am Ballermann ...«. Es treibt mir Tränen in die Augen, wenn ich an die schönen Zeiten denke und Tränen der Wut, wie Neonazis und Dummbeutel diesen begnadeten Fleck versaut haben.

So werde ich nicht weiter protestieren, wenn dieser Fleck verschwindet von der Insel, plattgemacht von der Immobilienmafia im Verbund mit der Stadtverwaltung Palma und deren Lokalpolizisten und den Hell's Angels, denen inzwischen die meisten Rotlichtläden an der Playa de Palma gehören. Bye bye, Ballermann! Und nimm die Arschgeweihe gleich mit.

6.

Die Gastronomie

Ich will fair sein: Am Ende dieses Artikels werde ich zehn Restaurants nennen, bei denen ich bis zum Juni 2016 nie schlechte Erfahrungen gemacht habe und die, sollten Sie wider meines Rates einmal auf Mallorca landen, Ihnen ein gastronomisches Überleben ermöglichen. Aber der Rest ist bitteres Schweigen …

Auch auf Mallorca hat ja die Seuche der Vollpension bzw. All-inclusive-Häuser massiv zugenommen; ich schreibe davon nicht, denn in diesen geschlossenen gastronomischen Welten spielt sich überall auf der Welt in der Regel schrecklichstes ab. Ob auf Kuba, in der Türkei, auf Kreta oder in Thailand – man kann einen Menschen nicht als *Gast* behandeln, wenn dieser für Unterkunft, Getränke und Verpflegung pro Tag weniger als 60 € zu zahlen bereit ist. Diese All-inclusive-Kategorie auf Mallorca ist einfach nur genauso schauerlich, menschenunwürdig, primitiv im Wortsinn wie überall und ist nicht gemeint, wenn wir hier über Gastronomie auf der Insel Mallorca im Allgemeinen reden.

Bei einer Reisebuch-Recherche 1992 sagte mir der damalige Direktor des Son Vida Hotels, Peter P. Tschirky, dass er nur vier Küchen auf der Insel kenne, wo er für preiswerte und überlebensfähige Küche garantieren könne: Das war damals (und ist es heute noch) für frische Meerestiere das Ca n'Eduardo am Fischereihafen von Palma. Dann der erste Sternekoch auf Mallorca, Josef Sauerschell vom El Olivo im

Hotel Residencia in Deià (Sauerschell hat jetzt ein eigenes Sternehaus in Deià, das Es Racó d'es Teix). Dann noch für deftiges, echtes Fleisch der Insel das Ca'n Pep in Gènova, oberhalb Palmas.

Tschirkys Liebling aber war der baskische, heute nur noch im spanischen TV aktive Koch Koldo Royo, vormals an der Meerespromenade von Palma. Letzterer war für mich und Reisebegleitung für lange Jahre der sichere krönende Abschluss bei einer kulinarischen Recherche. Solche Recherchen waren allzu oft mit Magenleiden und erbärmlichen Geschmackserlebnissen verbunden, die oft gepaart waren mit unterirdischem Service und patziger Touristenfeindlichkeit. Ein Abend bei Koldo Royo und seiner reizenden Frau hat uns dann den Abschied schwer und das Leiden erträglich gemacht. Wer mehr über den Zauberer am Herd wissen will, kann auf seiner Website erfahren, wo er sich gerade rumtreibt. Denn aktiv ist er noch …

Lassen Sie mich über die kulinarische, aber fast noch mehr über die ungastliche Katastrophe Mallorca *heute* sprechen. Durch den Boom der letzten Monate und Jahre, und seit 2016 endgültig größenwahnsinnig geworden, meint nun jeder hergelaufene Betreiber einer Gastronomie mit seinem aus Asylsuchenden und Armutsflüchtigen bestehenden Personal in der Küche für in billigem Olivenöl gebratene Fisch- oder Fleischstücke vom jeweils billigsten Großhändler exorbitante Preise verlangen zu können.

Das Preisniveau für Mittelmäßiges ist sicher höher als in Berlin und kommt fast an München heran. In praktisch allen Spanisch genannten Häusern finden sich die immer gleichen Zuchtfische, die sich als »echte« Meeresfische verkleiden. Dorade, Lachse, Garnelen, Langusten, Hummer …; in riesigen Aquakulturen in Dritte-Welt-Ländern mit mächtig viel Mastfutter und Hormonen aufgezogen, finden die Masttiere über die Großhändler den Weg auf den Teller der durchschnittlichen mallorquinischen Restaurants, deren Chefs sich längst abgewöhnt haben, morgens auf den Fischmarkt nach Andratx, Palma oder Alcúdia zu fahren, um dort die frische Ware direkt beim Fischer zu kaufen.

Das ist durchaus möglich, und die Top-Chefs der besten Häuser und der vier Top-Hotels tun das ja auch. Doch diese können an zwei Händen und zwei Füßen abgezählt werden. Also – großzügig wie ich bin – immerhin ca. 20 Häusern auf der ganzen Insel würde ich zutrauen, dass sie selbst noch durch ihren Küchenchef oder einen Vertrauten direkt vor Ort einkaufen. Der Rest lässt sich beliefern und bekommt dann das, was übrig bleibt. Die meisten Angebote von Fisch und Meeresfrüchten kommen ohne örtliche Spezifizierung über den allgemeinen Großhandel, deren Zentrale im fernen Madrid ist. Das heißt, der frisch gefangene Fisch, der vom lokalen Fischmarkt übrig bleibt oder diesen gar nicht erst sieht, wird gekühlt oder meist sogar eingefroren auf den zentralen großen Markt nach Madrid geschickt und von dort zurück nach Mallorca. Pervers. Eklig. Und absolut unökologisch.

Ein gutes Beispiel für den Niedergang einer Fischsorte ist die Dorade, früher ein Edelfisch, der von Kennern mit guten Kräutern und Ölen und sanft gegart elegant angerichtet werden konnte – und die heute als Zuchtfisch geschmacklos und wie ein lieblos schnell gebratenes Felchen serviert wird. Noch perverser verhält es sich mit den Gambas, also den bei uns so genannten »Krabben«. Diese Gambas waren in den 50er und 60er Jahren des 20. Jahrhunderts ein Grundnahrungsmittel der Spanier; jede Tapasbar war voll mit den Schalen der Tiere, die einst frisch gekocht wurden, dann vom Kunden geschält und deren Schalen direkt auf den Boden des Lokals entsorgt wurden. Die rote Pracht der Schalen am Boden war der Beweis für eine gute Tapas-Kneipe.

Dann wurde die Ausbeute der Krustentiere im Mittelmeer immer seltener (das betraf auch Langostinos, Cigales und Hummer) und schließlich verschwanden die Gambas, auch beliebt als »Gambas al Aglio« von den Karten ...; bis, ja bis die gierige Gastronomie erkannte, dass man ja auch die Massenware aus Thailand und Vietnam, wo Krabben in großen Mengen künstlich gezüchtet werden, nach Mallorca einführen kann. Heute hat jede mittel- bis saumäßige »mallorquinische« Tapasbar wieder ihre »Gambas« auf der Karte. Miniaturkrabben mit soviel Hormon drin, dass Sie am Ballermann sicherlich eine gute Protzfigur abgeben, wenn Sie sich das öfters einverleiben. Wer die (Einkaufs-)Qualität eines mallorquinischen Restaurants ganz sicher überprüfen will, der verlange nach Gambas oder »Gambas al Aglio«. Nur wenn diese teuer sind und als Gambas de Sóller (wo wenigstens noch ein paar Mittelmeer-Gambas herkommen, tiefrotschalige, eher dünne Tiere) verkauft werden, versteht der Koch sein Handwerk als Qualität; ansonsten stehen einfach keine Gambas auf der Karte. Wer den Hormonschub als »Gambas« verkauft, den sollten Sie ganz kritisch hinterfragen, wenn Ihnen Ihr Leben etwas wert ist.

Schrecklich auch die Inflation der Paella-Gerichte auf fast allen Speisekarten der Inselrestaurants. Nur besondere Häuser durften einstmals sich für ihre Paellas rühmen, etwa das S'Arrosseria oder das El Puerto in der Colonia de Sant Jordi. Freitags, samstags, sonntags fuhren ganze Familien in das entlegene Sant Jordi, um mit Lust originale Paella zu genießen.

Heute findet man angebliche Paella auf fast jeder Speisekarte von sogenannten spanischen Restaurants. Dabei geht das gar nicht (gut)! Denn um Paella richtig zu machen, muss diese sehr gut vorbereitet werden und vor allem sanft und langsam entstehen. Dazu müssen die Aromen und Gewürze und der Reis wohl vermengt und individuell, je nach Typus, mit Edelfischstückchen oder auch mit geschmortem, dann kurz angegrilltem Hasenfleisch, Hähnchenbrust oder Zicklein ergänzt werden. In der großen Meeresfrüchtepaella, die nie unter 30 € pro Person kosten kann, finden sich echte rote Gambas aus Sóller, Langostinos und Cigalas. Alles andere ist eine Paella, wie sie ganz früher im Mittelalter auch einmal gedacht war: Eine Resteverwertung. Dazu nehme man ältere, aufgetaute Fische und Meeresfrüchten, wahlweise auch übrig gebliebene Fleischstückchen, und rühre sie unter eine pappige Reismasse, die wie auch immer – aber nicht mit echtem Safran – gelb gefärbt ist und verziere sie mit labbrigen Paprikas und Tomaten. Guten Appetit!

Brutal für den Magen sind aber auch die allgegenwärtigen »Italiener« auf Mallorca. Eine pampige Masse Nudeln (spanische, marokkanische, afghanische »Köche« können mit Nudeln einfach nichts anfangen), dazu irgendeine Salsa, nehmen wir die Pomodoro, auf Mallorca vergewaltigt zu einer Salsa de Tomate (also billige Pamp-Tomaten zerquetscht und mit Billigsalz und Tütenpfeffer angereichert) und dann angeboten für 9,85 €; da wissen sie dann anschließend, warum der wunderbare Fernet Branca der einzige Italiener ist, der es auf der Insel aushält; aushalten muss, um die vielen durch angebliche italienische Küche geschädigten Mägen wieder auf Vordermann/Vorderfrau zu bringen. Der gute Fernet Branca ist für mich ein wirklicher Held auf der Insel. Man kann einen Kräuterlikör wahrscheinlich nicht »lieben«. Aber ich »liebe« den Fernet in solchen, mich rettenden Momenten eben doch.

Zusammengefasst: Es gibt nicht einen »Italiener« auf der Insel, der diesen Namen (ein solides italienisches Restaurant zu sein) verdient hätte. Auch die italienischen Brüder Antonio und Salvador Longobardi in ihrem »Ritzi« in Portals servieren inzwischen eine nur noch dem Namen nach italienische Küche. Dazu werden gemeine Gäste wie Abschaum behandelt und nur für die Reichen und Luxusnutten stehen immer Tische bereit. Die Longobardis verachten ganz offen die Spanier wie auch die Deutschen und leben von ihrem Image, die einzige italienische Oase der Insel zu sein. Der Platz rund um das Ritzi ist übrigens zum Schauen super und hinter dem Ritzi gibt es das »Lollo Rosso«, wo man wenigstens eine durchschnittliche, ordentliche Pizza – nur leicht überteuert – bekommt. Also, wenn Sie italienisch essen wollen, gehen Sie gefälligst nach Italien oder meinetwegen nach München oder Stuttgart. Dort gibt es italienische Restaurants, die dieses Markenzeichen auch verdienen.

Die Longobardis haben übrigens einen Vorteil: Sie sind wenigstens Italiener, soviel ich weiß. Norditaliener, mit dieser grenzenlosen Arroganz, wie wir sie aus Mailand kennen. Aber in der Küche des Ritzi, da bin ich mir sicher, versteht man kein Italienisch mehr. Und das gilt auch für alle anderen sogenannten italienischen Restaurants auf Mallorca. Denn einen halbwegs guten italienischen Koch oder gar eine gute italienische Mamma, die kochen kann, verschlägt es nicht nach Mallorca.

Kommen wir nun zum Schrecklichsten, was Ihnen auf der Insel passieren kann: Sie werden in ein chinesisches Restaurant eingeladen. Sie wissen immerhin dann vom Einladenden sofort zwei Dinge: Er ist erstens ein grenzenloser Geizhals und zweitens ein Mensch ohne Geschmackssinn. Von der Küche, die Sie erwartet, nur soviel: Wenn Sie Reis mit Hühnchen bestellen (als Beispiel), werden sie verrottete Hühnerbeinchen, den Hühnerarsch und Knorpelhälse bekommen. Wenn Sie Fisch bestellen, schwimmt der von Hormonen genährte Pangasius in Ihrem Teller. Man wundert sich, woher die Köche der Chinarestaurants auf der Insel all dieses billige Zeug beziehen?

Und siehe da: Ein spanische Wirtin hat mir mal erzählt, wie es den Chinesen gelingt, immer das billigste Zeug zu kaufen: Sie gehen immer ganz kurz vor Schluss auf den Großmarkt nach Palma und kaufen dann die absoluten Reststücke von den Händlern. Und auch bei den schon runter gesetzten Produkten handeln sie so lange mit den Marktteilnehmern, bis diese entnervt noch mal billiger werden. Also statt 3,95 € das Kilo übriggebliebenes Hühnerfleisch 1,95 € das Kilogramm. Dass die Händler da natürlich Arsch, Hals und Knorpel einpacken, versteht sich von selbst.

Fazit: Es lohnt sich auf keinen Fall, aus kulinarischen Gründen auf die Insel Mallorca zu kommen. Und wer sich nicht vorher ganz exakt kundig macht, wird mindestens einmal pro Urlaubswoche ganz Schreckliches erleiden (also Magengrimmen, Unwohlsein und Übergeben), wird vier Mal höchst unglücklich aus seiner

Speiseerfahrung hervorkriechen und höchsten an zwei Tagen sagen können: »Bendinat« (»Wir haben gut gegessen«; ein Bonmot, welches der König von Katalonien Jaime I auf der Burg, die heute Bendinat heißt, gesprochen haben soll, nachdem er Brotsuppe mit Oliven und Knoblauch serviert bekommen hat).

Hier also noch, wie versprochen, die zehn Restaurants auf Mallorca, in denen Sie höflich behandelt werden und dazu auch noch gut essen (Stand Juni 2016). Vorausgeschickt sei, dass ich die sieben Michelin-Restaurants, die allesamt ihre Sterne verdient haben und großartig kochen, hier nicht dazu zähle. Das sind: SimplyFosh in Palma, Es Fum im St. Regis Hotel, Es Racó des Teix in Deià; Es Molí d'en Bou im Sa Coma Resort; Jardín in Alcúdia, Andreu Genestra in Capdepera und Zaranda im Castell Son Claret Hotel.

Meine persönlichen Überlebensküchen:

Can Eduardo, Palma Hafen: Bestes Fischrestaurant der Insel. Kauft frische Ware direkt von Palmas Fischern.

Colon, Puerto Colon: Dieter Sögner bringt grandios österreichische und mediterrane Küche zusammen.

Celler Can Amer, Carrer de la Pau, Inca: Schon in meinem ersten Reiseführer von 1983 erwähnt. Die Familie macht perfekt weiter.

Lila Portals, Cliff Portals, Portals Nous: Den Tipp verrate ich nicht gerne, weil man dann noch schwerer reservieren kann. Ein deutsches Paar (Stefan und Nicole) trumpft auf.

El Mago, FKK-Strandbucht El Mago bei Portals Vells: Das Strandrestaurant bringt die besten Langustinos und super Paella. Auch Frischfisch vom Feinsten.

La Placeta in Pollença, Gute Steaks und Fischgerichte und liebenswerter Platz.

Sadrassana, Palma: Wenn es Hummer mit Bratkartoffeln sein darf … Mal was anderes, aber immerhin überlebenswert.

La Parada del Mar, gegenüber Königspalast Marivent in Palma: Du sucht dir dein Wunschtier aus wie auf dem Fischmarkt und bekommst es dann perfekt zubereitet serviert. Nett und frisch.

Can Torrat Grill, Ausfahrt 11 der Autobahn Palma – Lluchmayor: Bestes Fleisch, vor deinen Augen gegrillt. Lebhafte Atmosphäre.

Cassai, Ses Salines: Essen im Innehof mit korrekter Küche.

7.

Die Promis, Prolls und Luxus-Luder

Wer oder was ist ein Promi? Nun, ich würde mal für Deutschland als Beispiel aufzählen: Lothar Matthäus, Claudia Schiffer, Dieter Bohlen, Frank Farian, Claus Kleber, Claudia Roth, Mats Hummels, Martin Walser, Jürgen Drews, Boris Becker, Helene Fischer, (…). Einfach mal querbeet, und hundert andere Namen könnten hinzugefügt werden. Für die Schweiz zähle ich mal Christoph Blocher, Roger Federer,

Beatrice Egli, Roger Schawinski, Regina Buol, Matthias Ackeret, Jean Ziegler, Roger Köppel, Stephan Lichtsteiner, Lucien Favre…; auch hier fünfzig weitere Namen noch.

Leute also, die ein durchschnittlicher Deutscher oder Schweizer zuordnen kann: Etwa Lothar Matthäus: Fußballer, kommt oft im TV, hat teure Kleider an und trägt wechselnde Begleiterinnen, lächelt doof (»Die immer lacht« Ballermann-Hit Nr. 1 im Jahr 2016). Ich verzichte auf Österreich, aber es gilt natürlich auch dort.

Was ist ein Proll? Ein Promi, der ohne Zutun zum Promi wurde und sich aber weiterhin wie ein Proll verhält: Bestes Beispiel hier: Die Geissens. Oder Daniela Katzenberger und Jan Böhmermann. Also Leute, die einfach nur sie selbst sind und im TV kommen …; also kein Wimbledon gewonnen haben, keine lustigen Lieder singen, keine Bücher geschrieben haben, ruhig doof sein dürfen, aber eben im TV kommen. So dass man sie beim täglichen Zappen dann doch irgendwann mal kennenlernt und schließlich aufguckt, wenn sie an einem vorbeilaufen.

Was ist eine Luxus-Luder? Nun, ein Luxus-Luder lässt sich von einem Promi oder Proll ficken (ich sag es mal so deutlich), und zeigt sich dann für eine begrenzte Zeit mit diesem (bis er sie satt hat). In der Zeit wird sie mit Gucci, Louis Vuitton, Prada, Michael Kors, Armani etc. ausstaffiert und darf sich dann auch neben den Prolls und Promis von den Paparazzi (die drei Ps) ablichten lassen und erfährt als Höhepunkt eine Erwähnung in Gala, Bunte, Neue Post, Bild der Frau, Bild und Blick. Die geschicktesten unter ihnen lassen sich zwar austauschen, aber nur, wenn ein weiterer P+P bereitliegt.

Einige Namen: Janina Youssefian, die Dieter Bohlen im Teppichladen beehrte und inzwischen auch im Dschungelcamp war. Oder Djamila Rowe, die einst den Schweizer Botschafter in Berlin, Thomas Borer, zu Fall brachte. Oder die bekannte Naddel, die angeblich soeben Konkurs anmelden musste, weil ein weiterer P+P nicht aufzutreiben war. Naja, schauen Sie sich die Promibilder an. Wenn ein Mann über 50 mit einer Dame zwischen 16 und 25 auftaucht, ist die Dame genau das, was ich meine: ein Luxus-Luder (Nichts dagegen übrigens, jeder muss schauen, wie er durchkommt).

Was hat das Ganze mit Mallorca zu tun? Nun, alle Personen (und auch die nicht genannten) des Proll-, Promi-, Luxus-Luder-Typus wird man konzentriert an bestimmten Punkten der Insel Mallorca finden. Das ist an sich nicht schlimm und seien wir ehrlich: Wer sieht nicht gerne diese TV- und Illustrierten-Gesichter mal live neben sich Champagner trinken? Schlimm ist vielmehr das Getue der Residenten und Wirte und Hoteliers und Paparazzi um diese Menschen.

Wenn Sie mal eine halbe Stunde auf ein Bier warten müssen, nur weil bei Giovanni in Andratx sich alles um Claudia Schiffer dreht, wenn Sie in einem leeren Golfrestaurant am Camp de Mar einfach keinen Platz bekommen, weil sich die Geissens und Truppe dort breit machen, wenn Sie im Flanigan in Portals trotz vieler freier Plätze und Reservierung abgewiesen werden und gleich darauf Franz Pumuckel erscheint und sofort ein Tisch freigeräumt wird, wenn Sie die Zerstörung der Plaza Mayor von Pollença als traditioneller Ort durch das jahrelange hofieren von Peter Maffay verfolgen müssen – *ja mei,* da geht Ihnen sicher auch irgendwann der Hut hoch.

Es gibt ja unter den Promis vier Besondere, deren heftige Liebe zur Insel Mallorca ein Teil des Untergangs der Insel wurde: Peter Maffay, Boris Becker, Dieter Bohlen, Claudia Schiffer. Diese vier mit gutem Recht berühmte Menschen entdeckten Mallorca schon, als ihresgleichen die Insel noch für eine Putzfraueninsel hielten und niemals auf den Gedanken gekommen wären, hierher einen Fuß zu setzen. Claudia, Peter, Dieter und Boris haben Mallorca schon früh, in den 80er Jahren, für sich als Urlaubs- und später als zweiten Lebensmittelpunkt entdeckt.

Peter Maffay, der gute Mensch aus Tutzing mit rumänischen Wurzeln, kaufte sich 1995 die Fincas Ca'n Sureda unterhalb von Pollença. Er baute ein Tonstudio ein und seit etwa zehn Jahren hat er auch seine Leidenschaft für Landwirtschaft entdeckt und rund um die Finca einen Ökobauernhof erschaffen. Dass er daneben nun auch noch eine Kinderstiftung unterhält, in denen bis zu 300 traumatisierte Kinder im Jahr eine Auszeit erhalten, spricht für ihn. Also, er ist unschuldig. Dennoch ist durch ihn der wunderbare Plaza Mayor in Pollença zu einem Rummelplatz mit teuren Cafés und Galerien und Ökoläden geworden, wo früher der Einheimische sein tägliches Schwätzchen bei einem Cafe solo für 30 Peseten halten konnte.

Dieter Bohlen war jahrzehntelang unterschätzt. Als Produzent, als Komponist, als Entertainer. Heute ist er zurecht der teuerste TV-Entdecker in Deutschland und Förderer junger Talente. Und er ist und bleibt Mallorcafan. Da wird ihn auch dieses Buch nicht daran hindern. Ein bodenständiger Kerl, der rund um die Insel gejagt wurde, weil er überall von Neidern und Prolls angemacht wurde; das ging soweit, dass vermeintliche Freunde ihm sogar seine Frauen abspenstig machten und die Luxus-Luder, denen er nun mal eine Zeit lang nicht widerstehen konnte, ihm manche Orte so unmöglich machten – wie etwa Camp de Mar –, dass er selbst heute, 15 Jahre später, nicht zurückkehren mag.

Allerdings sieht man ihn häufiger jetzt wieder im Südwesten – also zwischen Palma und Andratx –, als im Südosten, also in Cala Ratjada, das dank Dieter in den Nuller-Jahren plötzlich auf dem Promiradar der Spotter aufgetaucht ist. Hier hat er auch seine jetzige Lebensgefährtin

Carina kennengelernt, die ihm zwei sehr süße Kinder geschenkt hat. Carina, ein stiller, intelligenter Naddel Typ, passt perfekt zum Pop-Titan. Ein Traumpaar, das aber natürlich, wenn es auf Mallorca weilt, von Gaffern, Neidern und Pöblern, besonders aber von Immobilien-Haien (siehe oben) umgeben ist. Zum Glück findet der Inselkenner immer wieder neue stille tolle Ecken. Wie in seiner Karriere lässt er sich nicht unterkriegen und die Liebe zu Mallorca verdrießen.

Claudia Schiffer, die deutschen Brigitte Bardot der 90er Jahre, war schon als Kind mit ihren Eltern auf der Insel. Als sie 1987 entdeckt wurde und ab 1990 bis zur Jahrtausendwende ein unbestrittenes Topmodel wurde, veränderte sich auch ihr Mallorcaleben. Konnte sie einst unbehelligt am Passeig des Born ihre Ensaimadas essen, so wurde jetzt jeder Gang in Restaurants, Bars oder Beach Clubs zur reinen »Guck mal, da!«-Show.

Claudia Schiffer blieb aber der Insel treu und ab ca. 2000 hatte sie neben dem Manager Willi Weber eine Traumvilla in Camp de Mar.

Ich traf Claudia Schiffer erstmals 2003 bei der Einweihung des Hotels Camp de Mar, damals zur Dorint-Kette gehörend (heute Steigenberger). Eine natürliche, wunderschöne Frau. Neben ihr übrigens Boris Becker als Ehrengast, auf dessen Mallorca-Vergangenheit ich gleich noch zu sprechen komme. Aber zurück zu Claudia Schiffer: Sie würde gerne, getrieben von ihrem Mann, dem Briten Matthew Vaughn, der Insel den Rücken kehren. Wenn sie ihr teures Anwesen in Camp de Mar denn endlich verkaufen könnte. Da geht es ihr übrigens wieder wie Boris Becker.

Zur Zeit der Drucklegung dieses Buchs ist sie gerade in einen bösen Nachbarschaftsstreit mit Willi Weber, dem Ex-Manager von Michael und Ralph Schumacher, verwickelt. Stein des Anstoßes waren wohl, wie news.de berichtet, zwei Pinien hinter Webers Schlafzimmer, die ohne sein Wissen abgesägt wurden. Schiffer und ihr Mann entschuldigten sich zerknirscht für die Aktion. Die Pinien hätten schlicht den Meerblick versperrt und sie hätten sie fällen lassen, weil sie dachten, die Bäume stünden auf ihrem Grundstück. Der erzürnte Weber ließ die Sache jedoch nicht auf sich beruhen und informierte Polizei und Anwalt. Außerdem ließ er auf der Grundstücksgrenze eine Mauer errichten, »damit sie wissen, wo das Grundstück endet«, zitiert news.de den Sportmanager. Also, Sie sehen: Auf Mallorcas Promi-Hügeln geht es auch nicht anders zu als bei Meier und Müller in Rheine …

Kommen wir zur tragischen Verbindung von Boris Becker, unserem Wimbledon-Held, und Mallorca. Wie Dieter und Claudia wurde auch er von der Insel schwer getäuscht und wenn er heute im Privatjet nach Malle kommt, dann meist, um einer Gerichtsverhandlung beizuwohnen. Denn eine 1997 für eine Million Mark erworbene, heruntergekommene Finca, die er geschmackvoll aufpeppen ließ, aber gleichzeitig mit den undurchschaubaren korrupten Behörden der Insel und der Stadt Artà in Dauerkonflikt kam, wurde zu einem Becker-Alptraum. Wie die BILD schreibt, sollte Beckers Villa bereits mehrfach zwangsversteigert werden, für einen Schätzwert von sieben Millionen. Experten gehen allerdings davon aus, dass Becker weitaus weniger zu erwarten hat. Und das alles für ein Unglücksobjekt, in dem er nie gewohnt hat. Das »Pain in the ass« Mallorca drückt noch immer.

Halten wir fest: Zumindest unseren vier Muster-Prominenten, die nicht zu den Proll und Luxus-Ludern gehören, sondern Leistungsträger der Gesellschaft sind und waren, hat die Insel inzwischen nur noch Übles zu bieten.

Die Guten also kommen in Mallorca ins Kröpfchen, und die billigen Promis und Prolls werden im Töpfchen umgarnt und gebauchpinselt und hofiert. Ekelhaft. Proletenhaft. Unterirdisch. Wenn man früher Mallorca verächtlich als Putzfraueninseln bezeichnet hat, so hat man eine Prinzessin beleidigt. Und heute ist das Umgekehrte Aschenputtel passiert. Die Kratzenberger»isierung«, die Geissen»Qual«, die Klump»haftigkeit« auf Mallorca lässt die treusten Fans der Insel nur mehr den Rücken kehren. Wer heute noch unter den Protz und Prolls sich um eine Finca, ein Villa oder, weil er nur ein aufgeblasener Ärmling ist, ein Appartement bemüht, kann getrost in die C- und D- Klasse der sogenannten Prominenten aufgenommen werden. Kein ernsthafter, verdienter Star – ob in Sport, Film, Politik, Literatur – wird dem heutigen Mallorca seine Aufwartung machen. Wo selbst die Schwester des heutigen spanischen Königs vor Gericht gestellt wird, um das korrupte Image der Insel etwas zu lichten, da geht kein vernünftiger Mensch mit Würde und Bekanntheit mehr hin.

8.

Die Autobahnen und andere Umweltsünden

»Die Balearen erhalten in den Jahren 2014 bis 2020 deutlich mehr Subventionen von der Europäischen Union. Dem balearischen Wirtschaftsministerium, das die Mittel aus dem Fonds für regionale Entwicklung und dem Europäischen Sozialfonds koordiniert, stehen 221 Millionen Euro zur Verfügung, und damit 100 Millionen mehr als im vorherigen Zeitraum 2007 bis 2013. Aus dem Fonds für die Entwicklung des ländlichen Raums fließen mit 61 Millionen Euro für die Jahre 2015 bis 2020 ebenfalls gut 13 Millionen mehr als im vorherigen EU-Haushalt in die Kassen des balearischen Landwirtschaftsministeriums. Welchen Betrag die Inseln aus dem Fischereifonds erhalten, steht derzeit noch nicht fest.

Joana Perelló, Generaldirektorin im balearischen Wirtschaftsministerium ist dennoch schon jetzt hochzufrieden mit den Zuweisungen aus Brüssel. »Spanien erhält insgesamt etwa dieselbe Summe wie in den sieben Jahren zuvor, doch die Balearen bekommen diesmal ein größeres Stück vom Kuchen ab.« Die Treffen mit Vertretern der Zentralregierung in Madrid, bei denen man hartnäckig mehr Geld gefordert habe, hätten sich somit bezahlt gemacht. Nicht nur der Wirtschafts-, sondern auch der Landwirtschaftsminister hätten dabei vor allem auf die Insellage verwiesen, die die Region benachteilige und die sich deshalb auch in der Höhe der

Fördermittel niederschlagen müsse.«
(aus Mallorca Zeitung)

Merken Sie was, liebe Leser? SIE zahlen diese 221 Millionen Euro. Denn Deutschland ist der größte Netto-Zahler der EU. Hier werden deutsche Steuergelder über die EU missbraucht, einem der reichsten Landstriche der Welt (!) noch mehr in den Haushaltsarsch zu blasen. Und was machen die Damen und Herren Politiker auf der Insel mit dem Geld? Wenn die Regional- und Rechtspopulisten an den Fleischtöpfen sind, dann werden 80 Prozent dieser Gelder in unsinnige Autobahnprojekte, in unhaltbar protzige Strandpromenaden, in wahnwitzige Hafenanlagen gesteckt und 20 Prozent in die eigenen Taschen.

Wenn – wie gerade jetzt – die Öko-Linken an den Fleischtöpfen der Macht hantieren, dann werden neue Steuern erfunden, Hotelabgaben erhöht und das EU-Geld in noch mehr Radwege verbaut, noch mehr unsinnige Strandanlagen denaturiert und undurchschaubare Kulturprogramme gefördert. Vielleicht besser als weitere Autobahnen und Großprotz-Projekte? Mag sein. Aber einfach mal zu sagen: Wir, die Region Spaniens, die vom jetzigen Touristen-Boom am allermeisten profitiert, brauchen die EU-Millionen im Moment nicht, sondern überlassen sie den wirklich armen Gebieten Spaniens, in denen bis zu 50 Prozent Jugendarbeitslosigkeit herrscht … auf diese Idee kommt keiner der nimmer satten Mallorquiner.

Der Unterschied im Raffen und Gierigsein ist zwischen den mallorquinischen Politikern nicht zu bemerken. Als die reichste Gemeinde der gesamten EU, das Örtchen Calvià südwestlich von Mallorca, den letzten Wechsel der politisch Handelnden im Frühjahr 2016 erlebte, ging es nicht lange, bis die Korruptions-Polizei vor der Tür stand. Razzia im Rathaus, das muss man sich einmal vorstellen! Wie die Mallorca-Zeitung berichtet, kamen Beamte der Guardia Civil zur Hausdurchsuchung, weil sie sich Auskunft über »mutmaßliche Gefälligkeiten« gegenüber Club- und Barbetreiber in der Urlauberhochburg Magaluf erhofften. »Im Rahmen der Ermittlungen wurden zwei Mitarbeiter eines Tourismusbetriebs festgesetzt«, so die Mallorca Zeitung.

Wie erwähnt, Calvià ist die reichste Gemeinde der EU. Dazu geworden durch den hemmungslosen Verkauf ihres Gemeindebesitzes an Spekulanten und Baulöwen. Zu Calvià zählen die bekannten Urlaubsorte Portals, Puerto Portals, Bendinat, Palma Nova, Magaluf, Peguera, Santa Ponça, Ses Illetes und einige Namen mehr, die sie in jedem Pauschalurlauber-Katalog finden. Durch Grundstücksverkäufe, Grunderwerbssteuern und Gewerbesteuern, die in Spanien die Gemeinden behalten dürfen, sind Calvià und ihre einst 2.700 »Ur«-Einwohner zu einem Millionärsdorf geworden.

Man sagt, dass es keine Familie gibt, deren Stammbaum in Calvià steht, die nicht mindestens eine Million Euro an Geld- oder Besitzwerten vorweisen könnte. Aus den Ziegenhirten und Kleinstbauern wurden binnen 40 Jahren Clans von Aufschneidern und Geldfürsten. Das mag man ihnen gönnen, schließlich gehörte ihnen und der Gemeinde ja das Land, auf dem die ganzen Tourismusbauten entstanden sind. Dass Calvià und seine Einwohner/Politiker aber dann immer noch nicht den Hals voll genug haben, und in ständige Korruptions- und Bestechungsgeschichten verwickelt sind, das verstehe wer wolle. Da fehlt geistige Reife, Intelligenz und Anstand.

Die Magistraten von Calvià mögen es erfunden haben – die Jahrhunderte lang im wirklichen Abseits lebenden Bewohner der Gemeinde Andratx haben es dann perfektioniert: Durch Baugenehmigungen in jeder ökologisch und ästhetisch unverantwortlichen Gegend sich die Taschen voll zu stopfen. Ein Bürgermeister von früher sitzt noch immer im Knast. Hier ein Zitat aus dem Mallorca Magazin:

»Andratx war in den zurückliegenden Jahrzehnten eine der Inselgemeinden mit der intensivsten Bautätigkeit. Dieser Wirtschaftssektor gab vielen Menschen Arbeit und bewegte enorme Geldsummen. Das lokale Baurecht allerdings hielt mit der Entwicklung nicht Schritt: Bis jetzt gilt noch immer dasselbe Recht wie 1977. Die mangelhafte Regulierung hat dazu geführt, dass eine Vielzahl von Bauprojekten realisiert wurde, die nachträglich für illegal erklärt wurden. Im Jahr 2006 wurde ein enormer Korruptionsskandal publik, in den der damalige Bürgermeister Eugenio Hidalgo verwickelt war. Er sitzt im Gefängnis.«

Sehr beeindruckend ein Artikel von Reiner Pohlen aus dem Strafblog.de vom 19. August 2013:

»Mallorcas frühere politische Elite wandert sukzessive in den Knast – 360.000 Euro in Kakao-Dose vergraben«

Das Landgericht von Palma de Mallorca hat am vergangenen Freitag einen Antrag der Anwälte der früheren »Inselkönigin« Maria Antonia Munar auf Haftverschonung zurückgewiesen. Die vormalige langjährige Vorsitzende des mächtigen Inselrates der Balearen und zeitweise Parlamentspräsidentin war am 24. Juli 2013 wegen diverser Korruptionsdelikte verurteilt und sofort in Haft genommen worden. In zwei Verfahren, die allerdings noch nicht rechtskräftig abgeschlossen sind, war sie zu insgesamt 11 1/2 Jahren Freiheitsstrafe verurteilt worden. Ich hatte im strafblog darüber berichtet.

Langjährige Haftstrafen waren in den letzten Jahren unter anderem gegen den früheren Bürgermeister und gegen den Bauamtsleiter der Nobel-Gemeinde Port Andratx, gegen den früheren Ministerpräsidenten JaumeMátas (gegen den noch viele Verfahren anhängig sind) sowie gegen einen Polizeichef aus Palma verhängt worden. Ende Juli hat es dann einige weitere Mitglieder der politischen und wirtschaftlichen Elite der Insel erwischt. Am 26.7. wurde der ehemalige konservative Wirtschafts- und Industrieminister Cardona durch das Palmeser Landgericht gleich zu 16 Jahren Freiheitsstrafe verurteilt und unmittelbar danach wegen Fluchtgefahr inhaftiert. In seiner Amtszeit von 2003 bis 2007 soll er öffentliche Gelder in Millionenhöhe veruntreut und Bestechungsgelder kassiert haben. Antònia Ordinas, Ex-Geschäftsführerin der balearischen Behörde für Außenhandelsförderung (CDEIB), wurde im selben Verfahren zu 3 Jahren und 8 Monaten Haft wegen illegaler Auftragsvergaben verurteilt. Gemeinsam mit ihrer Lebensgefährtin hatte die geständige Frau zuvor 300.000 Euro Bestechungsgelder an den Staat zurückgezahlt. Weitere 360.000 Euro und belastende Unterlagen waren bei einer Hausdurchsuchung in einer im Garten vergrabenen Kakao-Dose der Marke Colacao gefunden worden. Der Name »Colacao« ist inzwischen auf Mallorca zum Synonym für Korruption mutiert. Die Ehefrau Ordinas, die Sopranistin Isabel Rosselló, wurde zu einer Bewährungsstrafe von 18 Monaten verurteilt.

Der ehemalige Regierungsdirektor Kurt Viaene wurde im Rahmen einer Verfahrensabsprache zu einer Haftstrafe von »nur« 5 Jahren und 5 Monaten verdonnert, die er am 2.8. antreten musste. Er hatte kurz vor Prozessbeginn ein Geständnis abgelegt und sich damit eine deutlich höhere Strafe erspart.

Mit 3 Jahren und 3 Monaten Freiheitsstrafe kam der Unternehmer und ehemalige Gemeinderat von Lloseta, Felip Ferré von der konservativen Partido Popular (PP), davon. Er hatte gestanden, Schmiergelder für die Vergabe von öffentlichen Aufträgen gezahlt zu haben.

Wie das deutschsprachige Mallorca Magazin berichtet, hat inzwischen eine ganze Reihe von Beschuldigten mit Wiedergutmachungsleistungen begonnen, um hierdurch Strafmilderung zu erreichen. Neben Ordinas hat auch der bereits verurteilte UM-Politiker Bartomeu-Vicens 160.000 Euro zurückgezahlt. Der frühere PP-Stadtrat von Palma, Rodrigo de Santos, der mit einer Kreditkarte auf Kosten des Steuerzahlers 50.000 Euro in Schwulen-Bordellen gelassen hatte, hat diesen Betrag inzwischen zurückgeführt, was ihn trotzdem nicht vor einer Haftstrafe bewahrte, und der frühere Geschäftsführer der Palma Arena, Jorge Moisés, zahlte 12.000 Euro zurück.

Eine Ende der Korruptionsprozesse auf der Deutschen liebster Ferieninsel ist nicht in Sicht.

Noch Fragen? Aber ja. Was war denn nun so schlimm für die Insel selbst, wenn sich Einzelne schamlos bereichern und andere eben zahlen, dass sie ihre Villen und Golfplätze und Hotels und Restaurants bauen oder betreiben dürfen?

Wenn Sie nun keine Lust mehr haben, das alles vor Ort erleben zu müssen, dann machen Sie einfach mal eine Rundfahrt mit Google Earth durch die Insel. Schauen sie sich die verbauten Hügel gegenüber dem Hafen von Puerto d'Andratx an, wo wahrlich jeder Zentimeter dieser einst bewaldeten Berglandschaft gerodet wurde und für unsinnige Villenprojekte herhalten musste. Oder kurven Sie virtuell über die Autobahn von Palma nach Magaluf oder die Autobahn von der Lederstadt Inca Richtung Pollença. Bauprojekte, die nur einem genutzt haben: dem Bauunternehmer, der sie ausführen durfte.

Und natürlich den Damen und Herren, die das genehmigt haben. Oder fahren Sie mal die Straße von Porto PI/Palma über Cala Mayor virtuell bis Bendinat; jeder zweite Laden verkauft bulgarische, serbische, rumänische türkische Billigware oder verkauft Kebab, Ćevapčići, Halal Pizza. Dabei war die Cala Mayor das erste Palma-eigene Strandgebiet mit einer wunderbaren sandigen Bucht unterhalb des heutigen Hotels Nixe. Gucken Sie sich die Kästen an, die rund um diese Bucht genehmigt wurden und die heute als riesige Bausünden einen kilometerlangen Streifen zu einem einzigen Slum machen. Hier finden sich die Table Dance-, Karaoke- und Billard-Clubs und die entsprechenden Luden und Damen dazu.

Ein Spaziergang von Illetas nach Porto Pi – dem Einkaufszentrum in Palma – etwa acht Kilometer lang, ist für jeden mutigen Halbstarken ab 23 Uhr eine Herausforderung der besonderen Art. Der arglose Tourist aber, der Freundlichkeit, Helligkeit und Meeresglück erhofft, sieht plötzlich, dass er ja Duisburg-Nord oder Berlin-Neukölln als sein Urlaubsziel gewählt hat. Und wir wissen ja: Angst essen Seele auf!

Mallorca ist ein Musterbeispiel, was Korruption und Kastenwirtschaft einem politischen Ökosystem antun können. Aber es ist natürlich noch nicht vorbei. Leider ist es so, dass auch diejenigen auf der Insel, die mit vielleicht edlen Zielen antreten, sehr schnell der spanischen Krankheit verfallen. Der Verein, der in ganz Spanien, aber speziell auch auf der Insel Mallorca manche Korruptionsaffäre aufgedeckt hat, die »sauberen Hände« (Manos Limpias), stellt sich nun als eigenes Syndikat der Korruption und Abzocke dar. Ein Bericht aus der Badischen Zeitung:

Anti-Korruptions-Vereins steht unter Betrugsverdacht

»Ein obskurer spanischer Verein verklagt seit Jahren Gott und die Welt. Unter anderem die Königsschwester Cristina. Jetzt ist sein Gründer und Chef festgenommen worden.«

MADRID.

Niemand wollte Cristina de Borbón y Grecia, die Schwester des spanischen Königs, vor Gericht bringen. Fast niemand. Ein unbeugsamer Verein namens »Manos Limpias« klagte sie an und hatte Erfolg damit: Seit Anfang des Jahres muss sich die Infantin vor einem Gericht in Palma de Mallorca wegen Steuerhinterziehung verantworten. Der Prozess gegen sie und 16 weitere Angeklagte, darunter ihren Mann Iñaki Urdangarin, läuft noch. In diesen Wochen werden Dutzende Zeugen vernommen, um eine der aufsehenerregendsten Korruptionsaffären Spaniens aufzuklären.

Seit diesem Freitag hat der Fall eine neue spektakuläre Note bekommen: Ein Madrider Untersuchungsrichter ließ den Gründer und Chef von »Manos Limpias«, Miguel Bernad, festnehmen. Unter anderem, weil er die Infantin Cristina erpresst haben soll. Gegen Zahlung von drei Millionen Euro wäre er offenbar bereit gewesen, die Klage gegen sie fallenzulassen.

Die Festnahme von Bernad und zehn mutmaßlichen Kompagnons ist eine Sensation und kommt dennoch nicht überraschend. Seit Jahren macht »Manos Limpias« Schlagzeilen mit den kuriosesten Anzeigen, von denen die allermeisten in den Papierkörben der Justiz verschwinden. Das Geschäftsmodell des Vereins blieb für Außenstehende im Dunkeln. Nun könnten die Ermittlungen des Nationalen Gerichtshofes, begonnen vor gut einem Jahr, Licht in die Sache bringen.

Ich zitiere hier öfters andere Quellen, wenn es um die politische und ökonomische »Elite« geht, weil man mir sonst niemals glauben würde, dass mitten in Europas größter Badewanne – dem Mittelmeer – eine Dritte-Welt-Land-Insel entstanden ist. Natürlich haben Inseln immer ihre besondere DNA, ihre Inzucht, ihren Wunsch nach Abschottung. Trotzdem ist der Sumpf in Mallorca ein besonders hässlicher: Denn die Insel selbst war ja – und ist zum Teil noch – unzweifelhaft eine der schönsten Landschaften der Welt. Wirklich weite große Strände (Es Trenc, Bahia de Alcúdia), großartige Stein-

und Sandbuchten, daneben zahlreiche kleinere versteckte Buchten, die man so weltweit nirgends mehr findet (Cala de Denia, Cala Tuent, Cala Fornells, Cala Molto, Cala Clara, und die schon in den 50er Jahren mit einem Baedeker Stern ausgezeichneten, unter dem Namen Calas de Mallorca firmierenden Buchten im Osten der Insel zwischen Portocolom und Capdepera).

Dann die natürlichen Weiten Bahias, die Naturhäfen wie Palma, Sóller, Alcúdia oder Portocolom/Puerto Petro ermöglicht haben. So etwas darf man einfach nicht aus Geldgier und Raffsucht kaputt machen. Man wünschte sich eine externe Verwaltung, eine friedvolle ökologische Bewegung, eine aus den Besten gebildete politische Führung und eine sanfte Steuerung des Gästeansturm für Mallorca. Dann wäre vielleicht, … aber ich beginne zu träumen.

9.

Die Wetterlügen

Das ist mein Thema: Ich habe 1999 den digitalen Wetterdienst wetter.com gegründet und ihn zu Europas größter Vorhersageplattform für Mobile und Internet gemacht. Und dabei erlebt, wie wichtig es für touristische Ziele ist, dass die Wettervorhersage stimmt …; oder sagen wir besser, immer dann stimmt, wenn es »schön« werden soll. Und wenn das Wetter im Sommer zum Beispiel nicht ganz so ideal ist, haben die touristischen Zielorte nichts dagegen, wenn die

Vorhersage trotzdem Sonne und gute Temperaturen meldet.

»Auf Mallorca scheint immer die Sonne«, sagte Klaus Primke, in den 90er Jahren der führende Prominenten-Fotograf der Insel Mallorca, bei unserem Kennenlernen 1998 am Ballermann 6. Es regnete. Ja, es stürmte gerade zu. Aber weil wir – die Autoren Matthias Ackeret und Manfred Klemann – unbedingt am Ballermann 6 am 1. Mai 1998 unser Buch: »Die ganze Welt ist Ballermann. Karten an Martin Walser« vorstellen wollten, haben wir uns von Regen und Wind nicht abhalten lassen. Um 14 Uhr sollte die Lesung sein, und außer unseren mitgebrachten Freunden aus der Schweiz und Deutschland kamen gerade mal vier weitere echte Ballermänner, und eben Klaus Primke, von seiner Agentur zur Lesung geschickt.

»Zum Glück ein Journalist!«, denke ich.

Ich stelle ihm erst mal die wunderschöne Silvia Affolter vor, Miss Schweiz von 1984 und ziemlich prominent.

»Wie, Miss Schweiz …«, meinte Primke trocken, »war das vor oder nach dem Krieg?«.

Ja, so war er unser Klaus…, und ist es hoffentlich immer noch. Lange nicht getroffen. Jedenfalls, da es regnete, war natürlich auf den Bildern der Lesung in dem Open Air Café Ballermann 6, (die wir schließlich mutig durchzogen haben) nur eine graue Wolkendecke zu sehen. Co-Autor Matthias war besorgt:

»Bringen denn die deutschen Medien Bilder von Mallorca, wenn es da grau ist?«, fragte er Klaus.

»Nein, bringen sie natürlich nicht. Aber weißt du: Auf meinen Bildern von Mallorca scheint immer die Sonne! Dafür wurde Photoshop ja erfunden.«

Primke zeigte meinem Co-Autor auf seiner Kamera einige Bilder von der 1997 stattgefundenen Beerdigung des Bierkönigs Manfred Meisel. Der Schankwirt des Bierkönigs, sein neunjähriger Sohn Patrick und seine Tierpflegerin der Finca, in der er lebte, Claudia Leisten, waren am 11. November regelrecht hingerichtet worden. Jeweils durch zwei Kopfschüsse. Meisel war der umsatzstärkste Wirt am Ballermann. Und Deutscher. Seine spanischen und mallorquinischen Konkurrenten sahen das natürlich nicht sehr gerne. Heute gehört der Bierkönig in das Reich von Miguel Pascual Biblione, der damals schon Besitzer von Konkurrenzwirtschaften war. Biblione ist 2015 in einem Korruptionsskandal im Zuge der Ermittlungen gegen die an der Playa de Palma aktiv gewordenen »Hell's Angels« verhaftet worden. Aber er kam natürlich bald wieder auf Kaution frei. Zurück zum Bierkönig-Mord: Er ist bis heute nicht aufgeklärt, versteht sich.

Was hat das mit dem Wetter zu tun? Als Klaus Primke Ackeret die Bilder zeigt, stutzt der. Denn er ist Meteoro-Historiker. Er kann also Ereignisse der Vergangenheit aus dem Kopf mit der jeweiligen Wettersituation zusammen bringen.

»Aber, Klaus, am Tag der Beerdigung vom Meisel hat es doch fürchterlich geregnet«.

Primke darauf: »Auf meinen Bildern der Insel scheint eben immer die Sonne. Und die People-Zeitungen drucken nur Bilder mit blauem Himmel von Mallorca. Etwas anderes will doch keiner sehen«.

Ja. Auf Mallorca scheint immer die Sonne. Schön wäre es, für die Hundertausende von Urlaubern, die zwischen Oktober und Mai immer öfter feststellen müssen, dass Mallorca alles andere als ein sicheres Sonnenziel ist. Denn natürlich herrscht mildes mediterranes Klima, und Schnee und Kälte am Gefrierpunkt ist außerhalb der Tramuntana, dem Gebirge im Norden, dann doch selten auf der ganzen Insel. Aber was früher mal als Wassermangel wegen fehlendem Regen bekannt war, etwa in den 80er Jahren, ist längst passé. Die Wasserspeicher in den Bergen sind randvoll seit Jahren, und über zu wenig Regen mussten sich die Mandel- und Olivenlandwirte schon lange nicht mehr beklagen. Das sieht man schon beim Anflug auf die Insel, selbst im Hochsommer: Überall alles grün, nicht nur die bewässerten Golfplätze.

Zahlen am Beispiel Palma de Mallorca				
Monat	durchschn. Temperatur Tag (in °C)	Nacht	durchschn. Regentage	Wassertemperatur in °C (im Ø)
Januar	14,0	6,3	8	14
Feb.	14,8	6,4	6	13
März	16,6	8,0	8	14
April	18,9	10,4	6	15
Mai	21,9	12,8	5	17
Juni	26,0	17,0	3	21
Juli	29,0	19,6	1	24
Aug.	28,8	20,2	3	25
Sept.	27,0	18,1	5	24
Okt.	22,5	13,9	9	21
Nov.	18,1	10,2	28	18
Dez.	15,1	7,6	9	15

Ja, Mallorca ist zu einem regenreichen Gebiet geworden; von den alten Plänen, eine riesige Salzwasser-Aufbereitungsanlage zu bauen, ist man längst weg gekommen. Weil nicht nötig. Und die Tankschiffe voller Süßwasser, die in den Siebzigern das Wasser des Ebro von Küstenstädten bei Tarragona und Barcelona gebracht haben, verrotten längst vor den Küsten Afrikas.

Ich will das Klima auf Mallorca nicht schlecht reden …; aber im Herbst, Winter, Frühling wird es abends recht kühl, wie bei uns auch in Hamburg, sagen wir, wo Meeresklima herrscht. Die Anzahl der Regentage schenkt sich zu Berlin, wo zwischen Oktober und März auch zwischen sechs und zehn Tage pro Monat Regen zu erwarten ist, wenig. Und alle Langzeit-Statistiken zeigen an, dass das einst eher trockene Klima der Insel einem eher feuchten Klima gewichen scheint. Feucht-fröhlich war es ja schon immer.

Mallorcas Werbeagenturen für den Tourismus tun alles, um keine Bilder von Regentagen auf der Insel verbreitet zu sehen. Und tatsächlich sind für die Besucher solche Tage ein Graus: Denn die Insel ist natürlich nicht auf Regen eingestellt. Die außerhalb der Autobahnen durchgehend schlechten Straßen werden überschwemmt, eine Fahrt im Sommerreifen-Mietauto wird zu einer Schleuder- und Aquaplaning-Übung. Da alles auf die Illusion Sonne und schönes Wetter ausgerichtet ist, sind weder Straßen- noch Strandcafés zu gebrauchen, noch sind Orte und Städte dafür gerüstet, Regenschirm tragende Touristen aufzunehmen. Die wenigen netten Museen, das Miró Museum von Gènova und das Es Baluard in Palma (beide sehr lobenswert und hübsch gemacht, zweifellos), können den dann einsetzenden Besucherstrom nicht bewältigen und der Besucher kann die ausgestellten Meisterwerke gar nicht mehr erreichen. Die Alternative: 24 Stunden Hotelzimmer mit Room

Service steht auch nur den 5-Sterne-Urlaubern zur Verfügung. In den anderen Häusern, meist ohne adäquate Klima- oder Heizungsanlage heißt es dann: Schlottern und mit Aspirin eine zukünftige Erkältung verhindern. Kein Wunder also, dass neben den Immobilienmaklern (siehe oben) und Kebab-Läden vor allem die Farmacias (Grünes Kreuz, meist in Neon beleuchtet) die Straßen oberhalb belebter Strandabschnitte und Touristenburgen ausmachen.

10.

Die Touristen in der Hauptstadt Palma

Auch ich als scharfer Kritiker der Verhältnisse auf Mallorca komme nicht umhin, das heutige Palma de Mallorca, die Hauptstadt also, schlicht als »schön« zu bezeichnen. Nach jahrzehntelanger, zum Teil kurioser Aus-, Um- und Neugestaltung wurde aus der verkommenen und herunter gewirtschafteten Stadt ein Kleinod. Dafür verantwortlich sind ausschließlich Menschen, die ursprünglich nichts mit Mallorca zu tun hatten, aber das Potential dieser geschundenen Stadt erkannten. Einer der ersten übrigens, die Palmas Möglichkeiten erfassten, war der verstorbene deutsche Bauunternehmer Schörghuber aus München, der schon in den 60er Jahren Grundstücke und weites Land in und um Palma kaufte. Das Ergebnis ist »Son Vida«, wo auch die beiden Hotels Castillo Son Vida und das Arabella Golf Hotel liegen, zusammen mit noblen Herbergen und drei Golfplätzen, die er im weiten Land hinter Palma errichten ließ.

Schörghuber dürfte der erste ausländische Bauentwickler gewesen sein, der viel Geld, viel Liebe und viel bauliches Wissen nach Palma brachte. Später haben sich viele französische, skandinavische, englische, deutsche Architekten und Palma-Liebhaber in der Stadt versucht:

Nach langen Kämpfen gegen eine immer störrische und unsinnige städtische Bürokratie gelang es schließlich, zahlreiche Gebäude der Altstadt zu sanieren und neuen Zwecken (der alte Zweck war einfach nur »verrotten lassen«) zuzuführen.

Es ist noch ein zweiter Unternehmer zu nennen, der die vogelwilden Stadtverwaltungen der Jahre 1978 bis 2016 offensichtlich dazu gebracht hat, ihre Stadt endlich den Möglichkeiten anzupassen. Spaniens reichster Mann, der Textilunternehmer Amancio Ortega aus Busdongo, Provinz León. Jeder kennt seine Läden: Zara, Massimo Dutti, Mango, Pull & Bear, Bershka …

Der sehr zurückgezogene Unternehmer, dessen Marken und Geschäfte natürlich weltweit vertreten sind, lebt in La Coruna. Und, so sagt man, nunmehr auch häufig auf Mallorca. Und Palma de Mallorca verdankt ihm, dass seine zentrale Rambla, die Passeig des Born, komplett renoviert und aufgehübscht wurde und nunmehr – neben den Ortega Geschäften – die besten Marken der Welt in den alten Herrschaftsvillen und Geschäftshäusern entlang des Born zu finden sind. Viel Geld investiert. Gut gemacht.

Auch die Altstadt um das traditionelle Lokal »Abaco« (altes Adelshaus, jetzt Bar voller Früchte, Gerüche und sau-teuren Fruchtcocktails) ist kultig aufgepeppt; die Restaurants dort servieren Sushi, Luxus-Tapas und Hummer mit Bratkartoffeln (Sadrassana, Plaça de la Drassana, Palma). Auch das alte Klosterviertel hinter der eigentlichen Rambla de Palma, vom Placa Mayor ausgehend, ist aufgepeppt und dank dem SimplyFosh auch kulinarisch erfreulich. Und das zuletzt entwickelte Gebiet hinter der Kathedrale zum künstlichen See zwischen Altstadt und Meer, bei dem sich auch das Instituto Balear de Tourismo (siehe Titelbild des Buchs) wurde von Ausländern und Spaniern inzwischen großteils gerettet und aufgepeppt.

Alles palletti also mit Palma de Mallorca? Mitnichten. Was ist Ursache, was ist Wirkung? Was ist Ei, was ist Henne? Also, was war zuerst da: Die regelrechte Überflutung dieser

Stadt mit Bustouristen einfachster Art, die von inzwischen jedem Flecken der Insel in großer Zahl allmorgendlich zur Hauptstadt und zum Schnäppchen-Shoppen eingefahren werden oder war eigentlich der Hass gegen Ausländer und Touristen seitens der Einwohner Palmas zuerst da? Jedenfalls sieht man nun allenthalben den wirklichen Gedankenkern der Mallorquiner von Palma: »Tourists go home« wird überall in großen Lettern auf neuen wie alten Gemäuern erklärt. Manchmal sehen Sie in der Stadt auch geschmiert: »Guiri go home«. »Guiri« bedeutet auch nichts anderes als »Besucher« auf Mallorquin, aber richtet sich speziell an hellhäutige Menschen – die den Mallorquinern wohl ein Dorn im Auge sind. Dabei vergessen diese, was schon in der Bibel steht: Was siehst du aber den Splitter in deines Bruders Auge, und wirst nicht gewahr des Balkens in deinem Auge? Wenn man ein Brett vor dem Kopf hat, sieht man natürlich auch keinen Balken im Auge.

Statt die Touristenmassen, die sich durch diese restaurierte Schönheit drängen, zu kanalisieren und geschickt sich zunutze zu machen, jammern die Stadtoberen und stecken sich lieber die hohen Parkgebühren, die überteuerten Abschleppkosten (Sie sollten NIE falsch parken in Palma oder auf der Insel; das Auto-Abschlepp-Geschäft ist besser organisiert als alle Schlepper-Geschäfte beim Einschleusen von Flüchtlingen …) und die sakralen Mieten der städtischen Gebäude in ihre Taschen. So wird tatsächlich der von den Reiseveranstaltern als PAX betrachtete Urlauber zum neuen Totengräber der Stadt Palma: Selbst im Weihnachtsgeschäft auf Düsseldorfs Kö herrscht weniger Gedränge als an einem ganz normalen Montagmorgen im Mai auf Palmas Gassen und Straßen.

Und leider verhalten sich diese Besucher so, wie sie es von einem deutschen, englischen, schweizerischen, österreichischen Supermarkt gewöhnt sind: Drängeln, hetzen, alles anfassen, ihre Landessprache sprechen und nicht versuchen, wenigstens einige Worte spanisch zu lernen, Bedienungen und Verkäufer/innen ignorieren oder schikanieren, ungebremst die fußgängerische Vorfahrt suchend, und – für mich am schlimmsten – mein Lieblingscafé der Insel, das Cafe des Born am gleichnamigen Platz, permanent zu besetzen. Nachdem ich da jetzt dreimal hintereinander keinen Platz gefunden habe, und selbst im verwinkelten »Drinnen« nichts zu machen war, habe ich diesen Platz aufgegeben; nachdem ich dann in den Gassen zum Plaza Mayor in einem permanenten Lärmpegel dreimal von germanischen Touristengruppen zu Fall gebracht wurde und schließlich an der Lloncha unten vor dem Yachthafen um Handy und Geldbeutel gebracht wurde, von zwei Trickbetrügern, die, ich muss es zugeben, so gut deutsch- bzw. schweizerdeutsch gesprochen haben, dass ich sie tatsächlich als Landsleute vermute und nachdem ich schließlich mein

Mietauto für 330 € Auslöse beschädigt auf dem großen städtischen Gelände abholen musste, weil ich natürlich meine Parkzeit überschritten hatte, als ich den Diebstahl zur Anzeige bringen wollte, was aber nicht gelang, weil die Schlange vor dem Kommissariat der Nationalpolizei so lange war, dass ich nach zwei Stunden Anstehen aufgab, mein Auto suchte, einen Zettel fand, eine Telefonnummer darauf vermerkt, diese angerufen, nur widerwillig mein »Spanisch« verstehend (sprechen Sie kein Mallorquin? NEIN TUE ICH NICHT!), diese Stimme mir eine Adresse gab, ich ins Taxi zum Abstellplatz, die Beschädigungen am Lack des Autos sehend, zum Autovermieter, der auf die Selbstbeteiligung bestand …

Ja, aber wie habe ich das alles so locker hinbekommen, da ja Handy und Geldbeutel weg waren? Und da kommt das große Glück, dass man von den großkotzigen Mallorquinern doch lernen kann: Sie tragen immer einen Bündel

Scheine lose in der Hosentasche. Und das habe ich mir auch angewöhnt. So hatte ich noch 500 € im Hosensack. Die waren zwar nach diesem »Nicht-Café«, »Umgerannt«, »Abgezockt« »Geld geklaut« »Auto abgeschleppt« »Anzeigenaufnahme unmöglich« »Auto beschädigt« »Selbstbehalt futsch«-Abenteuer auch weg, aber ich war dann endlich erschöpft im Hotelzimmer, der Lärm meiner Nachbarn dort störte mich nicht, denn mein Heimflug war am nächsten Tag. Und so konnte ich 20 Stunden in meinem Zimmer verbringen und mit einer guten alten Air Berlin Maschine nach Hause fliegen.

PMI, das Flughafen Kennzeichen, kenne ich nicht mehr.

11.

Die Kriminellen, Hütchenspieler und Nutten

Weil es sich für einen guten Reiseführer heute so gehört – und Sie werden dieses Buch doch sicher als »guten Reiseführer« bezeichnen – wollen wir nach all den Sehenswürdigkeiten, Essenstipps, Ausgehfreuden und Naturbeschreibungen auch auf den letzten Seiten die »dunklen Seiten der Insel Mallorca« beleuchten. Ja, die gibt es. Ja, sie werden immer schlimmer. Ja, wir wissen nicht, warum die Verwaltung und die Polizei

dagegen nichts unternehmen.
Honi soit qui mal y pense (Beschämt sei, der schlecht darüber denkt).

Als gewöhnlicher Tourist und Besucher werden sie mindestens zwei, als männlicher Tourist mindestens drei der mallorquinischen Plagen aus der Überschrift kennen lernen. Als da sind:

Die Hütchenspieler:

Das es nach all den Jahren immer noch gelingt, Urlauber mit diesem billigen Taschenspielertrick auszunehmen, ist wahrlich erstaunlich. Die Missetäter sind meist gut organisierte Sinti-/Roma-Familien aus Rumänien und Umgebung, die auf Mallorca ihre Opfer suchen. Wer ihn wirklich nicht kennt, der Trick geht so:

An einer belebten touristischen Straßenecke wird ein großer Karton aufgestellt. Darum herum Spieler, die das Hütchen-Spiel spielen. Ein Spielmeister versteckt unter einem von drei halbförmig ausgehöhlten Kartoffeln ein kleines

Kügelchen. Dann werden die Kartoffeln durcheinandergewirbelt und man muss raten, wo das Kügelchen ist. Da es für die Umstehenden recht leicht scheint, die Kartoffel mit dem Kügelchen zu verfolgen und zu benennen, gewinnt immer einer der Spieler. Diese Spieler – das ist sogar witzig – gehören zwar eigentlich zum Betrüger-Team, haben sich aber als Lockvögel wie Touristen gekleidet. Immer tragen sie (billige) Markenshirts, meist Adidas, Nike Sneakers und oft ein Deppen-Käppchen.

Wenn nun ein echter Tourist zu der Gruppe aus Neugierde kommt, sieht er, wie leicht man da scheinbar Geld gewinnen kann. Die Spieler der Gruppe spielen erstmal ruhig weiter, gewinnen immer höhere Summen und animieren dann den Touristen, es auch mal zu versuchen. Wenn er dann, sagen wir mal, 5 € setzen will, wird er zu einem höheren Einsatz verleitet (»Fünf ist zu wenig«, sagt etwa der Hütchenspieler, »da spiele ich gegen den anderen lieber für 20 €«); bis der Tourist eben mindestens 20 € bis 50 € setzt. Und dann geht es schnell. Der Hütchenspieler wirbelt wieder herum, der Tourist ist sicher, die Kugel unter der richtigen Abdeckungen zu finden. Aber: Schwupp, da ist keine Kugel, und der Tourist ist sein Geld los.

»Da habe Sie nicht richtig aufgepasst, das müssen Sie nochmal versuchen, das hat man doch gesehen«, schreien die anderen Spieler auf den Touristen ein.

Und das nächste verlorene Spiel beginnt. Entweder lässt sich dann der arglose Tourist auf weitere Spiele ein und verliert wieder, obwohl er genau gesehen zu haben glaubt, wo die Kugel sein müsste. Wenn er dann protestiert oder laut wird, wird er von den anderen »Spielern« beschimpft und plötzlich ertönt ein Ruf: »Polizei!« und alle Spieler und der Hütchen-Mann mit Karton verstreuen sich blitzschnell in alle Richtungen. Polizei ist nicht zu sehen, aber die Gruppe hat einen Dummen gefunden, der wieder 100 oder 200 € (und manches Mal mehr) los ist.

Die Hütchenspieler verlieren natürlich nie. Die Polizei erscheint auch nie, denn sie kennen die Hütchenspieler über die Zeit und ja, warum sie nicht einschreiten, kann man sich denken. Und die arglosen Urlauber, die manches Mal bis zu 1.000 € verlieren, wenn sie den Betrug nicht rechtzeitig erkennen, werden weder Anzeige noch Meldung machen können, weil dann die Polizei erklärt, dass illegales Glückspiel auf der Straße streng verboten ist und man froh sein könne, nicht selbst angezeigt zu werden.

Und wo ist jetzt die Kugel? Sie steckt geschickt zwischen Schale und Fruchtfleisch der Kartoffel, unsichtbar für den Laien. Wenn man selbst das »Spielgerät« in die Hand nehmen will, um nachzusehen, wird man von den Umstehenden, die alle dazu gehören, bedrängt und schon erfolgt der Ruf: »Polizei!«. Immer zu Ungunsten des arglosen Touristen.

Die Nelkenfrauen:

Nelkenfrauen, so nennt man die betagten Damen, die rund um die Kathedrale von Palma, in der Altstadt von Palma und am Plaza Mayor von Palma ihr Unwesen treiben. Sie gehören auch meist zu gut organisierten Familien aus Osteuropa und zu bestimmten Sippen. Auch die Nelkenfrauen treten nur scheinbar »alleine« auf. Der Trick: Dem arglosen Touristen, noch lieber den Touristinnen, wird freundlich eine Nelke ans Revers der Bluse, des Jacketts oder des T-Shirts geheftet.

Dies geschieht aber so »ungeschickt«, dass der Tourist ob des Nestelns der Nelkenfrau ganz verwirrt wird und vergisst, auf seine Tasche und/ oder seine Jackentasche zu achten, wo das Portmonee steckt. Also nach der Begegnung mit der Nelkenfrau meistens »steckte«. Denn während man damit beschäftigt ist, die ungewollt an einem herumzupfende Dame abzuwimmeln, kommen Gehilfinnen/Gehilfen unauffällig nahe und stibitzen den Geldbeutel oder Wertvolles aus der Tasche. Besonders perfide: Oft tun die Gehilfen so, als ob sie dem bedrängten Touristen helfen wollten und »verscheuchen« die Nelkenfrau mit einem lauten Wortwechsel, während diese oder ein anderer Gehilfe den Taschendiebstahl begeht.

Besonders dreist:

Sind dann die Gehilfen wieder weg, der Tourist noch verwirrt, kommt die Nelkenfrau wieder und fordert für die an der Bluse angebrachte Nelke ein Trinkgeld. Will man dann den Geldbeutel suchen, merkt man, dass er weg ist. Aber da ja die Nelkenfrau direkt neben einem steht und Geld fordert, kommt man nicht auf die Idee, dass sie der Auslöser des Verschwindens des Portmonees ist. Übrigens, versuchen Sie mal einen solchen Diebstahl bei der Nationalpolizei (sie ist für Diebstähle zuständig) zur Anzeige zu bringen …, das Gelächter der Polizisten verfolgt Sie bis an den Flughafen, wenn Sie endlich abreisen dürfen. Ohne Geld, ohne Kreditkarten, ohne Pass und Führerschein.

Prostituierte

Prostituierte – im deutschen Volksmund *Nutten* – tummeln sich zuhauf auf der Insel; sie stammen meist aus Osteuropa, wo ihre Zuhälter und ihre Familien sie dann zum Anschaffen auf Mallorca bringen. Auch sie werden gut überwacht; also Streit – gerade auf offener Straße – mit allzu aufdringlichen Nutten sollte man tunlichst vermeiden, wenn einem seine Nase lieb ist. Es gibt, so sagte man mir, gut geführte und ordentliche Puffs in Palma Stadt und in Cala Mayor, die der mallorquinischen Unterwelt gehören und einigermaßen für Ordnung und Ruhe in ihren Räumen sorgen, um die Kunden gepflegt ausnehmen zu können. Die Mädchen in den meist als Table Dance Clubs getarnten Puffs in Palma und Cala Mayor kommen auch aus Osteuropa, aber meist Ukraine, Polen und

Weißrussland. Dazu dann die unvermeidlichen Südamerikanerinnen, die sich aber wenigstens oft recht durchsetzungsfähig gegen Zuhälter und Menschenhändler wehren.

Schlimm ist das Gewerbe an der Playa de Palma. Dort wird man als Gast ab Mitternacht regelrecht zum Geschlechtsverkehr genötigt …; übrigens oft, wenn man genau hinschauen würde, von Transvestiten. Mit allen Mitteln bedrängen die Mannweiber betrunkene Gäste von Megapark bis Bierstraße und wollen einem zu Diensten sein. Obwohl sich 90 Prozent der Touristen auch im betrunkenen Zustand bedroht und bedrängt fühlen, schreitet die Ortspolizei nicht ein. *Angst essen Seele auf,* sagt Fassbinder, und so scheint es mit der Polizei an der Playa de Palma auch zu sein.

Seit einigen Jahren sind nun an der Playa und sogar an anderen Strandgebieten auch afrikanische Mädchen oder Transvestiten am aktiven Freier suchen. Auch sie werden von unbekannter Hand geschützt und ihr geradezu aggressives Verhalten macht für den feierfreudigen Urlauber einen Aufenthalt an der Playa de Palma immer unattraktiver. Bis Mitternacht singt man fröhlich im Bierkönig, und dann wird man plötzlich in eine dunkle Schlacht mit rumänischen, bulgarischen, afrikanischen Mädchen und Transvestiten verwickelt, die oft, wenn man sich dagegen verwahrt, mit Blessuren, Kratzern und gestohlenen Wertgegenständen endet.

Wenn Sie dann vor Ihrem Urlaub wieder mal in den Hunderten von Zeitungs- und Zeitschriftenberichten über Mallorca lesen, wie ordentlich es jetzt an der Playa de Palma zugeht und wie die Stadtverwaltung das Kontingent an Polizisten über die Sommersaison vorbildlich erhöht habe, wundern sich die geneigten Reisenden nur noch. Richtig: Der Tourist wird bis auf den Sangria-Eimer und das vorschriftsmäßig angezogene T-Shirt kontrolliert und gebüßt. Tagsüber. Doch wenn die Nacht kommt, überlässt man die Insel und besonders die Strandgebiete Playa de Palma und Magaluf den dunklen Mächten.

Und das lehrt uns jeder Krimifilm: Die da auf der Straße für Trouble und Unruhe und Prostitution und Diebstahl und Schlägereien sorgen, das sind nur die ganz kleinen Fische. Über allen schwebt herrschaftlich in Fincas und Schlössern und Villen auf der Insel Mallorca der HAI! Ob er nun mit Grundstücken, Immobilien, Mädchen, Konzessionen oder Drogen handelt. Seine »weißen Hände« werden auf diesem »Geländer« der Insel Mallorca nie befleckt. Hier passiert nichts, was die wahren Kriminellen nicht möchten. Denn das haben Inseln ja so an sich: Sie könnten eigentlich sehr gut kontrolliert und beschützt werden. Nur, wem nützt das? Sicher nicht denjenigen, denen das kontrollierte kriminelle Chaos auf Mallorca Reichtum Macht und Ansehen bringt.

Eine kleine Anekdote zum Schluss: Ich fragte auf der Insel einen Angestellten des deutschen Konsulats, ob er denn seine Tochter (19 Jahre alt) alleine auf der Insel herumreisen lassen würde. Er schaute entsetzt: »Niemals. Vorher würde ich sie einsperren. Was wir hier jeden Tag sehen und hören, das dürfen wir vom Traumziel Mallorca keinem erzählen.« Gute Reise.